울진·삼척 무장공비 침투사건
-공비와 소년-

울진·삼척 무장공비 침투사건
-공비와 소년-

이동욱 지음

차 례

2009년 12월 9일 오전 10시. 겨울 바람이 강원도 산골을 휘감아 지나는 가운데 흰 눈을 이고 선 전나무 숲 사이로 까치들이 깍깍댄다. 몇 올 남지 않은 허연 머리카락에 주름살이 깊게 패인 계란형 얼굴의 한 노인이 묘소 앞에서 구부정한 허리를 더 숙여 술잔을 채우고 있다. 그의 뒤로 참배객들과 유가족이 숨죽이며 이 장면을 지켜본다. 기자들의 카메라 셔터 소리가 연발로 터졌다. 제단에 술잔을 올린 그는 양 손을 마주한 채 눈을 지그시 감고 섰다. 참배가 끝나고 그가 묘소에서 뒤돌아서자 검은 상복 왼쪽 가슴에 흰 국화꽃을 단 유가족 부부가 일어서서 그를 맞이했다. 젊은 시절에는 키가 컸을 성싶은 그 노인은 허리를 깊이 숙여 절하듯 인사를 했다. 50대 중반의 왜소한 남자 유족이 두 손을 내밀어 노인의 손을 잡자 그 노인은 들릴 듯 말 듯 인사말을 했다.

"미안합니다. 죄송합니다……."

그 노인은 1968년 10월 30일부터 11월 2일까지 강원도 울진·삼척으로 남파된 무장공비 120명의 일원으로, 아군에게 자수한 2명 중 1명인 김익풍(金益豊, 1939년생) 씨였다. 노인을 맞이한 유가족 부부는 공비들에게 무참히 희생된 고(故) 이승복(李承福, 당시 9세, 속사초등학교 계방분교 2학년) 군의 형 이학관(李學官) 씨 부부였다. 승복 군이 숨진 지 41주기가 되는 이날 김익풍 씨는 처음으로 묘소를 찾았고 유가족을 만나 세월이 흘러도 씻기지 않을 비극의 상처에 대해 머리 숙여 용서를 구하고 있었다. 승복 군의 형 이학관 씨는 노인의 두 손을 맞잡으며 "이렇게나마 와 주셔서 감사합니다"라고 답했다. 기자들 앞에서 김익풍 씨는 다음과 같이 소회를 밝혔다.

"내가 직접 (이승복 일가와) 맞닥뜨린 것은 아니지만 꼭 한 번 와보고 싶었습니다. 내 동료들이 잔인하게 죽인 아이의 묘 앞에서 착잡했습니다. 유족에게는 '미안합니다. 건강하게 잘 사십시오'라고 했습니다. 달리 무슨 할 말이 있겠습니까."

회한(悔恨)의 고백조로 조분조분 말을 꺼낸 김 씨는 한때 이승복 사건이 조작됐다는 논란이 벌어진 데 대해 "한심스러운 일"이라며 일

축했다.

"(이승복 군이) 이북이 좋다는 식으로 말했으면 절대 죽이지 않았을 겁니다. 공비들은 일단 남한 주민을 포섭하려고 하지, (이유 없이) 죽이지는 않습니다. 그 아이가 자기들에게 정직하게 말을 했으니 '아, 우리를 신고하겠구나' 싶어 죽인 겁니다."

자수한 뒤 한때 안보강사로 활동한 김 씨는 우리 사회의 안보 불감증에 대해서도 언급했다.

"처음 10여 년 동안 전국을 돌며 안보교육을 했지요. 당시는 남한 국민의 안보의식이 투철했습니다. 그런데 요즘 보면 좀 심한 표현인지 몰라도 서울 시내가 꼭 평양거리 같습니다. 북쪽의 사상을 지닌 사람이 너무 많은 것 같습니다."

1999년부터 해마다 12월 9일 이승복 묘역을 찾은 영관장교연합회는 이날도 120여 명이 모여 추모제를 지낸 뒤 '이승복 역사복원 결의대회'를 갖고 지난 정권 때 교과서에서 삭제된 이승복의 반공희생정신을 다시 수록하고, 초등학교 교정에서 사라진 이승복 동상 복원과 장학사업, 기념관 관람객 확대 등을 촉구하는 결의대회를 가졌다. 또 십시일반으로 모은 금일봉을 어렵게 생활하고 있는 김 씨에게 전하기도 했다. 이런 사실은 2009년 12월 9일자 몇몇 신문을 통해 보도됐다.

실제 나이가 1939년생인 김익풍 씨와 1938년생인 승복 군의 아버지 이석우 씨는 생전에 만난 적이 없다. 분단 이전에 두 사람은 38도선 이북에 살고 있었고 빈농출신이었다는 공통점만 있었다. 하지만 두 인생의 자취는 격랑 속에 치고받는 과정을 거쳤다. 금강산 골짜기의 샘에서 흘러내린 물과 태백산 검룡소에서 흘러내린 물이 곡절을 거듭하며 두물머리 양수리에서 만나게 되리라고는 애초에 누구도 짐작하지 못했듯 김익풍 씨와 이석우 씨의 아들 이학관 씨가 오늘 이렇게 만나게 되리라고는 누구도 예측하지 못했을 것이다. 이들의 인생도 한반도의 정치지형 속에서 이리저리 부대끼며 곡절을 겪었다. 다만 비극적이었다는 사실이 가슴 아린다. 그 이야기의 한 줄기, 무장공비 김익풍 씨의 삶을 거슬러 올라가 보자.

1부

김일성의 도발,
무장공비 김익풍

1장
김익풍 중위

평양 대원대학교 물리학도

1968년 11월 2일 오후 4시 원산항. 대원들과 함께 소련제 카스토바 트럭에서 내린 124군부대 3지대 정치부 소대장 김익풍 중위는 필터 달린 '려과 담배'를 꺼내 물고 찬찬히 주위를 둘러보았다. 지하혁명 가담게 두발을 자유스럽게 길러 175센티인 그의 키가 훨씬 더 커 보 였다. 회색 양복에 흰 와이셔츠까지는 흔한 차림이었지만 속에 껴입 은 전투 조끼와 내복으로 인해 양복이 조금 작았다.

게다가 검은 농구화 차림이라 그 시절의 수준으로도 촌스러움을 벗어날 수 없었다. 그의 매서운 눈매가 원산 부둣가에 정박한 크고 작은 함정들을 훑어가는 사이에 서산 너머로 가을해가 기울어지는 중이었다. 아직 시간은 남았다. 두 번 다시 못 돌아올 수도 있다는 생각이 불현 듯 들기 시작하자 담배를 힘껏 빨아 당겼다. 고향의 부모님 얼굴이 떠올랐다.

1939년 4월 11일에 평안북도 신천군에서 둘째아들로 태어난 김익풍은 출생신고를 2년 뒤에 하게 되어 공식 나이는 1941년생이다. 그는 북한 당국이 모델로 제시할 만한 모범 가정 출신이었다. 대대로 소작농과 하인으로 살아온 조상 때문이었다. 이 조상 덕은 엄밀히 말하자면 김익풍의 아버지 김상호로부터 보게 됐다.

해방 이후에도 가난한 소작농을 면치 못하던 김상호가 김일성 정권이 들어서고 얼마 안 돼 마을 이장으로 임명된 것은 순전히 대대로 머슴과 하인으로 뼈대가 굵어진 조상을 둔 덕이었다. 게다가 김일성 덕분에 개인농장을 가질 수 있게 됐다. 지주들로부터 무상 몰수한 토지를 무상분배해 준 김일성 장군이 아니고서는 이런 횡재를 꿈에서나 볼 수 있을 것이었다. 하지만 이 또한 오래가지는 못했다. 1958년부터 시작된 협동농장 정책으로 모든 개인 농지는 협동농장에 귀속됐다.

김익풍의 아버지 김상호도 조상 대대로의 소원이었던 개인 농지를 협동농장에 바쳐야 했다. 다만 그 '좋은 배경' 덕분에 김상호는 협동농장에서도 간부급인 협동농장원이 됐다. 모든 배급에서도 차등이 주어져 상대적으로 만족감은 줄어들지 않았다. 토지는 국가에 빼앗겼다 치더라도 벼슬은 남았으니 불만을 가진다면 어리석은 사람이었을 것이다.

빨갱이 집안

김익풍의 아버지는 또 다른 행운을 가지고 있었다. 두뇌가 명석했던 두 아들이 공부를 곧잘 했기 때문이다. 북한 체제상 평범한 아이들은 고향을 벗어나지 못했다. 고향서 고등학교까지 마치면 협동농장에 배치되거나 운이 좋으면 도시에 위치한 공장으로 배치돼 일생을 마쳐야 했다. 살아온 곳이 농촌이면 농업학교로 진학해야 했다.

김익풍의 형 김익화는 어학에 뛰어난 소질을 보였다. 선천군에서도 발군의 소질을 보여 전쟁이 끝난 1950년대 중반에 이미 러시아 유학을 다녀왔고 1960년대에는 평양 교원대학교의 러시아어학부 강좌장이 된다. 부인이자 김익풍의 형수는 의과대학 내과 과장이었다.

막내아들 익풍도 두뇌가 명석했는데 특히 또래보다 키가 10센티

미터 정도 더 커주는 바람에 이웃들로부터 부러움을 사곤 했다. 협동농장원에다가 마을 이장이기도 했던 김상호는 소학교도 나오지 못했다. 당연히 운명적 손실에 대한 보상을 두 아들을 통해 얻고자 했다. 그는 자신이 못해본 공부를 시키려 애를 썼다. 막내 익풍은 수학에도 재능을 보였다.

그 실력은 중학교 시절부터 노동당으로부터 주목을 끌더니 대학을 진학할 무렵에는 당에서 익풍을 평양 대원대학교 물리학과로 배정해 주었다. 그때가 1961년이었다. 김익풍의 집안은 이처럼 김일성 덕분에 매우 잘 풀려가고 있었다. 대학생이 된 김익풍은 물리학을 1년간 수학했다. 그리고 신체검사 통지서를 받게 된다.

"북에서는 군대를 가지 않고서는 사람 구실을 못하지. 그야말로 낙오자가 되는 지름길이야. 체제가 그렇게 돼 있거든. 무슨 이유에서든지 간에 남자가 군대를 다녀오지 못하면 모든 혜택의 순위가 낮게 책정돼. 직장 배치, 식량 배급, 옷과 같은 생필품도 마찬가지고. 이렇게 되면 결혼할 여자도 그 등급으로 내려가게 돼 있어. 자질 좋은 여자들이 군대 안 간 남자와 결혼하면 평생 고생해야 하니까 가려 하질 않지. 자연스럽게 질이 떨어지는 여자들 하고만 결혼하게 돼 있다고. 그러니 누구나 기를 쓰고 군에 가려고 하지."

김익풍은 그날 집으로 달려가 부모님께 신체검사 통지서가 나왔

노라고 알렸다.

"어마니, 아바지, 낼 모레 신체검사 가요."

기뻐하고 축하해 주기를 기대하면서. 그런데 의외였다.

"아버지, 어머니 모두 분명한 말로는 '축하할 일이네, 축하한다'고 했지. 그런데 부모 자식 간에는 음성만 듣고도 기분이 어떤지 금방 알잖나. 왠지 서운하다는 듯했어. 아버지는 돌아앉으면서 한숨을 쉬셨고. 표현을 못하는 거였지. 하지만 그때에도 이유는 몰랐지. 다만 뭔가 말 못할 것이 있는 모양이다 정도만 감으로 느꼈을 뿐이었어.

우리 아버지로 말할 것 같으면 북한에서 둘째가라면 서러워할 정도로 '빨갱이'였거든. 그렇다고 엄한 사람 해코지하거나 그럴 일도 없었지만, 그럴 분은 아니었고. 내가 말하는 '빨갱이'란 사상적으로 맹종하는 그런 분이었단 말이지. 헌데 세월이 지나고 보니 그때 아버지의 속마음을 조금은 이해하게 돼. 우리를 위해 그렇게 하지 않을 수 없었단 말이지. 그때가 벌써 김일성 체제로 살아온 지 15년째였으니 알 것 다 알고 있었단 얘기야."

"애써 특수부대 같은 덴 가지 말라."

익풍이 군 입대 하기 전날 아버지는 "애써 특수부대 같은 데는 가지 말았으면 한다"고 에둘러 말했다. 북한에서 '특수부대에 간다'는 말은 '남파공작원이 된다'는 말과 비슷했다. 많은 혜택이 주어짐과 동시에 대부분 얼마 못 가 소식이 끊기곤 했다. 특별한 경우에만 가족들이 애국열사 집안으로 선정되고 계층이 몇 단계 뛰어넘어 모든 배급에서 혜택을 보게 되지만 그런 경우는 극소수였고 대개는 예전보다 못한 계층으로 전락했다. 그럼에도 불구하고 많은 청년들이 남파공작원이 되길 갈망했다. 이런 풍조는 로또 복권에 당첨되기를 기대하는 것과 비슷했다.

김익풍은 1962년 10월 말에 황해도 지역의 미림 공수부대 무전병으로 군생활을 시작했다. 의무복무가 7년이었지만 일이 어떻게 풀려 가느냐에 따라 더 길어질 수도 있었다. 북한의 군대는 국가의 군대가 아니라 당의 군대였다. 모든 기준은 노동당의 가치관에 의해 측정되며 노동당의 가치관으로만 평가되었다. 이런 기준은 김익풍에게 남다른 이점을 가져다 주었다. 무엇보다 남조선에 연고가 없다는 점과 농민의 자식이라는 점이 출신의 순수함을 강조시켜 주었다. 조선처럼 북한도 출신으로 차별을 두는 사회였기 때문이었다.

2장
박정희와 김일성

박정희와 김일성

이 무렵 한반도 남쪽의 대한민국은 그 전 해에 시작된 5·16 군사 쿠데타로 국가적 구조 조정기에 들어간 상황이었다. 박정희(朴正熙, 45) 소장이 이끄는 군부가 반만년 이어온 농업국가를 공업국가로 탈바꿈하기 위한 혁명기로 돌입한 것이다. 하지만 사·농·공·상의 계급적 체질을 고수해 온 야당 입장에서는 도저히 인정할 수 없는 절차였다.

쿠데타 1년 전에 4·19 의거로 자유당 정권을 탈취했던 야당으로서는 그 1년 뒤 다시 군부에게 무력(武力)으로 정권을 탈취당한 사실을 용납할 수 없었다. 야당의 정권 탈취는 다수결이어서 정당성을 갖는 대신 군부의 정권 탈취는 폭력이어서 부당하다는 논리였다. 야당은 정권 재탈취의 꿈을 결코 버리지 않았다. 이로써 국내 정치는 불안한 안정이 지속되는 중이었다.

당시 김일성은 박정희 정권의 속성을 파악하지 못한 채 1961년 8월 말, 북한의 무역성 부상을 지낸 남로당 출신의 황태성(55)을 밀정으로 남파시킨다.

박정희가 어린 시절, 그가 존경하며 따랐던 둘째형 박상희의 친구가 황태성이었고 박정희는 그런 황태성을 선생님이라 부르며 깍듯했던 사실을 김일성이 알았기 때문이었다. 뿐만 아니었다.

해방 후 육군사관학교의 전신이던 조선경비사관학교 제2기생으로 입교한 30대 초반의 박정희가 육군정보과장으로 있던 1949년, 김창룡 대위가 이끄는 방첩대의 수사망에 박정희가 남로당 군사조직 책임자로 발각돼 사형에 처할 위기에 몰린 적이 있었다. 절체절명의 순간에 박정희는 전향을 하고 탄원하자 그의 인격에 감화받은 백선엽 장군 등에 의해 사면됐고 심지어 장교의 신분으로 복권된 사실도 김일성은 잘 알고 있었다. 그런 김일성으로서는 도박을 하는 셈이었다. 박정희 정권과 좌우합작만 할 수만 있다면 '통일 대박'이 터지는 셈이었다.

마찬가지로 박정희의 입장에서도 도박을 하는 심정이었을 것이다. 군사혁명이라는 칼을 뽑아든 그로서는 더 이상 물러설 곳이 없었다. 뽑은 칼을 다시 칼집에 넣는 순간 그 자신은 물론이고 함께 궐기한 혁명군은 반란군으로 역적이 되는 상황이었다. 그 혁명의 성패는 전적으로 우방인 미국의 지원 유무에 달렸는데, 미국도 김일성 못지않게 박정희의 사상적 태도에 의문을 갖고 있었다. 게다가 미국을 무시하듯 군부를 동원해 정권을 탈취했으니 더욱 박정희를 불신하고 있었다. 그런 차에 김일성의 밀정으로 황태성이 나타난 것이다.

황태성의 의도는 박정희나 그의 조카사위인 김종필 정보부장을 몰래 만나 의사를 타진하고 돌아가는 것이었다. 하지만 중앙정보부장 김종필은 이 문제를 단호하게 처리했다. 1961년 12월 1일, 황태성은 은밀히 반도호텔에 머물다 중앙정보부 요원들에 의해 체포돼 간첩혐의로 수감된다.

김일성도 이 사실을 알게 되지만 한동안 사형집행이 되지 않고 있어 그는 여러 가지 가능성을 계산하고 있었을 것이다(황태성은 1963년 12월 14일 서울의 한 군부대 처형장에서 총살형이 집행됐다). 황태성의 존재에 대한 미국 정보기관들도 촉각을 곤두세웠다. 그들이 의심하던 박정희의 사상적 의문을 해결해 줄 열쇠로 보았기 때문이었다.

1962년이 되자 김일성도 우방인 소련과 중공(中共)으로부터 만만찮은 압박을 받게 된다. 1954년 흐루시초프의 등장과 함께 시작된 소련과 중공의 수정주의 논쟁이 공산주의 종주국들 간 치열한 분열로 치닫는데 그 여파로 중공과 소련의 대북한 태도에 균열이 발생한 것이다. 특히 1954년 흐루시초프에 의한 '스탈린 개인숭배 비판'이 시작되자 그 여파는 2년 뒤인 1956년, 북한 내 소련파와 연안파에게도 미쳤다.

곧 '스탈린 개인숭배 비판'은 '김일성 개인숭배 비판'으로 이어질 지경이 된 것이다. 그해 8월 김일성은 '종파주의자'라는 명목으로 소련파와 연안파를 전부 숙청시키며 모택동의 중공과 보조를 맞추어 개인숭배 노선을 고수한다. 이것이 소련과 거리가 발생한 원인이 되었다.

김익풍이 군생활을 시작했던 1962년, 소련은 중공으로 기댄 북한에 대해서 군사원조와 경제원조의 대대적인 삭감으로 대응한다. 더구나 소련을 방문한 북한의 군사 대표단을 냉대했다. 이에 김일성은 그해 12월, 조선로동당 제4기 5차 전원회의에서 "조성된 정세와 관련한 국방력 강화문제"를 주제로 한 "국방에서의 자위원칙"을 채택한다.

이른바 '4대 군사노선'으로 '전 인민의 무장화, 전국토의 요새화,

전군의 간부화, 전군의 현대화'가 그것이었다. 우방 소련의 원조가
대폭 삭감된 상황을 타개하고 권력을 유지하기 위해서는 인민의 노
동력을 전시동원 체제로 갖추어야만 가능하다는 계산에서였다. 외
부의 적을 설정하면 내부를 단결시킬 수 있기 때문이었다.

이처럼 국제정세와 국내정세를 피아간의 대립구도로 설정해 두면
통치자로서는 그 어떤 행위도 정당화할 수 있는 이점이 생긴다. 즉
군사독재뿐 아니라 개인숭배도 가능해지는 것이다. 다만 피아간 대
립구도의 허상을 깨는 외부의 정보를 차단해야만 한다. 이후 북한은
김일성이 조성한 쇄국정책의 올가미에서 영원히 벗어나지 못한다.

북한의 대남무력도발은 이런 배경의 연장선상에서 지속되고 있었
다. 하지만 이런 시각을 하부 당원이나 인민들은 알 도리가 없었고
전쟁의 포성이 멈춘 지 10년도 채 지나지 않은 마당에 그런 생각을
한다는 것 자체가 불가능했다.

민족보위성 정찰국

김일성으로서는 전시동원 체제만큼 효율적인 내부 통제제도가 없다
는 걸 알고 있었다. 그러자면 그는 당연히 국내적으로는 강력한 군

사조직이 요구됐다. 휴전선을 넘나드는 전사(戰士)들의 육성이 급선무가 된 것이다. 이 무렵이면 이미 북한은 선군 체제로 돌입하게 된다. 젊은이들은 군인을 동경했고, 군복을 입은 자들에게 사회적 혜택이 많이 돌아가게 하자 처녀들도 군인을 최고의 결혼상대자로 삼기 시작한다. 그런 바람 속에 군부대에서도 대남혁명과업을 수행하는 특수부대가 단연 최고의 인기를 누리기 시작했다. 그 특수부대가 바로 정찰부대였다.

당시 김일성을 중심으로 그의 군사노선을 추진하던 인물들은 김창봉 민족보위상, 최광 민족보위성(현 인민무력부) 인민군 총참모장, 오진우 인민군 총정치국장, 허봉학 노동당 중앙위원회 대남사업총국장, 김정태 총참모부 정찰국장 등이었다. 여기서 총참모부 정찰국장을 눈여겨볼 필요가 있다. 6·25 당시 북한의 부수상을 지낸 김책의 둘째아들이 김정태였다. 김일성으로서는 양아들 이상으로 아끼던 인물을 자신이 가장 중요하게 여기는 부서의 장으로 임명하고 있었던 것이다.

그런데, 김일성은 왜 '정찰국'을 가장 중시하는 것일까. '정찰국'이란 대체 무슨 부대를 말하는 것일까. 정찰국은 쉽게 말해 적진을 넘나들며 정찰임무를 수행하는 부대를 의미한다. 우리식으로 말한다면 '북파공작부대'나 특전사 혹은 수색대와 유사하다. 북한의 군사편

제 명칭은 우리와 상이하다. 우리의 명칭이 미군으로부터 차용한 것인데 반해 북한은 소련과 중공의 게릴라전을 군사철학의 토대로 삼았기 때문이다. 그리고 계급사관으로 조작한 조선전사에서 항일투쟁과정에 등장하는 이름들을 가져다 사용한다.

그들은 '정찰'을 통해 '정보'를 수집하고, 이를 '작전'에 적용시킨다는 개념을 갖고 있다. 특히 정찰에 주안점을 두고 심리전과 정치전 등 지하조직 구성과 지하공작에 역점을 둔다. 그런 이유로 적진을 넘나들며 정보수집과 테러, 심리전 등을 구사하는 부대들이 정찰국 소속이며 우리식 개념으로는 특수전 부대 중의 특수전 부대로서 이른바 '북파공작대'가 되는 셈이다.

1968년까지만 해도 우리나라의 특수전 부대는 1958년에 창설된 1개 공수여단이 전부였다. 정보사령부 산하의 북파공작대(HID)가 전투서열상으로는 북한 정찰국에 해당하지만 육군과 해군 및 공군에 소규모로 존재했으나 이들의 역할은 침투와 정찰 및 고첩과의 접선 유지 등 정보수집 수준에 그쳤다.

무엇보다 한반도 전쟁 억지를 목표로 삼고 있던 미군의 개입으로 인해 북한처럼 공세적으로 작전을 펴기 힘들었다. 자료를 찾아보면 1967년 9월 3일, 이들이 북방한계선을 넘어가 북한군 초소를 공격했으며, 11월에는 12명의 공작대가 넘어가 인민군 사단사령부를 폭파

했다는 기록이 있다. 그러나 5만 병력을 베트남전쟁에 투입한 한국
군으로서는 더 이상의 공세적 작전을 펼 수도 없었으며 그런 편제조
차 없어 이 사건은 단순 보복작전에 그친 것으로 보아야 할 것이다.

김일성의 '정찰병 10대 교시'

그에 반해 혁명전을 수행하려는 북한은 정찰부대를 대단히 중요하
게 여겨왔다. 군대가 '칼'이라면 정찰병은 '칼날'이어야 한다. 1958년
북한은 '대남공작'을 '정찰사업'이라 부르기 시작하고 정찰국 요원들
을 '정찰병'이라고 불렀다. 이들이 실상 무장공비요, 무장간첩이었
다. 김일성은 이들을 매우 중시 여기는 게릴라전에 지대한 관심을
쏟았다. 1958년 4월 6일, 김일성은 6·25 남침전쟁으로 타격받은 인
민군을 재건·완료한다. 이날 그는 정찰국 요원들에게 '정찰병 10대
교시'를 내렸다. 모든 정찰병들은 반드시 이를 숙지하고 내재화시켜
갔다. 다음은 김일성이 하달한 정찰병 10대 교시이다.

정찰병 교시

1) 정찰병은 각이한 일기와 계절 조건 하에서 단련하고 주야간 험한 산악에서 육체적으로 단련하여야 한다.

2) 정찰병은 언제나 확고한 당의 사상으로 무장하여야 하며 자기 생명이 위급한 순간까지도 임무를 반드시 수행할 굳은 사상을 가져야 한다.

3) 정찰병은 자기 체력을 단련시키기 위하여 모든 체육방법에 순응하여야 한다.

4) 정찰병은 적 후방에서 투쟁할 수 있는 모든 실무수준을 가지도록 즉 작전관의 일원으로서 만들어야 한다.

5) 정찰병은 영어와 일어 및 각 지역의 사투리와 풍습을 배워야 한다.

6) 정찰병은 비행장, 원자포, 교량, 터널, 기관차 등을 폭파시킬 수 있는 기능을 배양하여야 한다.

7) 정찰병은 비행기, 자동차, 기차를 운전할 줄 알아야 하며 수영도 잘 하여야 한다.

8) 정찰병은 바다와 강에서 배를 조타할 줄 알아야 하며 수영도 잘하여야 한다.

9) 정찰병은 항일 빨치산 전투경험을 창조적으로 적용하며 연구하여야 한다.

10) 정찰병은 남한의 정치, 경제, 군사, 지리부문을 연구하여야 한다.

1958년 당시 김일성에 의해 하달된 교시대로 정찰국은 전국의 군부대로부터 최고 수준의 장병들을 차출해 정찰병들을 양성하기 시작했다. 그의 교시 내용을 조합해 보면 이미 1958년부터 김일성은 '람보(RAMBO)' 같은 전투기계 혹은 007 제임스 본드 같은 만능 스파이를 양성하기 시작한 것임을 알 수 있다.

4대 군사노선을 선포한 지 몇 달 안 된 1963년 4월, 김일성은 정찰부대에 새로운 교시를 하달했다. 그 내용은 다음과 같다.

첫째, 정찰부대 및 정찰병들의 훈련을 과거 항일 빨치산들이 진행한 유격전술과 정찰행동 경험을 연구 결부하여 진행할 것. 또한 지난 조국해방전쟁(6·25) 시기에 얻은 고귀한 정찰경험을 훈련에 적극 도입할 것.

둘째, 정찰훈련에 있어 습격, 파괴하는 연습을 강화할 것. 대상은 주로 적의 비행장, 신형 원자무기, 항만, 기차, 터널 및 각종 지휘소로 한다.

셋째, 정찰병들에게 지도 보는 법과 나침반 보는 법에 익숙해지는 훈련을 강화할 것.

넷째, 체육훈련을 강화시켜 야전적 생활습성에 익숙하게 할 것.

다섯째, 각 정찰 지휘관들은 적을 잘 알도록 하며 현 조건에서 수시로 변동되는 적의 행동기도와 규율을 장악하고 있을 것. 또한 적의 전법에 대하여 학습을 강화할 것.

앞으로 우리 힘으로 남반부를 해방하고 조국을 통일시키는 성스러운 과업을 완수함에 있어 정찰 부대들의 사명이 중요하다. 그러므로 군사적으로나 정치적으로 각 정찰병들을 빈틈없이 교육해야 하겠습니다.

뜨거운 철판 위의 얼음덩어리

북한의 최고 권력자가 "정찰훈련을 유격전술과 결부시켜 훈련하라"고 직접 하달한다는 것은 은밀히 정보수집을 위한 침투뿐 아니라 유격전도 불사하겠다는 의미였고 대남공작이 적극 전개될 것을 암시하는 대목이었다. 그만큼 대한민국의 안보가 만만했다는 의미기도 했다.

그 무렵 군부 쿠데타로 임시적인 정치적 안정을 꽤했던 대한민국은 생존의 기로를 찾아 헤매고 있었다. 군부는 미국의 압력을 견디다 못해 1963년 1월 1일을 기해 그동안 금지했던 정치인들의 정치활동을 해금시켰다. 헌법상 그해 말에 치러질 대선과 총선을 위해서도 군부는 정치활동규제법을 더 이상 유지할 명분도 없었다. 케네디 정부는 박정희 의장을 향해 노골적으로 민정(民政) 이양을 재촉했다.

그러는 사이에 김종필 중앙정보부장과 육사 8기생을 중심으로 비밀리에 준비해 온 공화당 창당 사실이 드러나 군부의 분열과 사회적 파란이 일고 있었다. 군부에 권력을 빼앗긴 기성 정치세력의 반발도 확산일로였다. 정통성 부재가 최대의 약점이었다. 물론 북한의 남침 위협을 내세워 단결과 안정을 호소하면 어느 정도 효과는 있었지만 국민의 안보의식은 뜨거운 철판 위의 얼음덩어리 같아서 조금만 시간이 지나도 녹아 버리곤 했다.

김일성 입장에서는 대한민국의 생존은 시간문제로 보였을 것이다. 1963년 10월, 박정희 의장은 다시 한 번 도박을 한다. 그는 민간인 신분으로 공화당의 대통령 후보로 선거에 나선 것이다. 이 선거에서 야당은 이합집산 끝에 민정당의 윤보선 후보를 중심으로 단일화를 이룬다. 양강 구도가 형성된 것이다.

그해 10월 15일의 국민투표는 역대 대선 사상 가장 근소한 표차의 선거로 기록됐다. 박정희 대 윤보선의 득표율은 46.6퍼센트 대 45.1퍼센트. 15만 6,026표 차이. 아슬아슬하게 제3공화국이 출범할 수 있었다. 권력을 잡은 박정희는 미국의 지원을 받기 위해 베트남 파병을 서두른다. 전방의 2개 사단이 빠져 해외로 나가는 것이다. 남북간 군사력의 균형점이 심하게 기울어지고 있었다.

3장
북한 체제

악마적 시스템

1964년, 김익풍은 북한의 정찰부대 강화라는 바람을 타고 노동당 직속의 대남연락국 임무를 수행하는 '283부대'로 전속된다. 남한에 잠복해 있는 고정간첩을 접선하고 임무에 따라서는 그를 대동해서 월북해 돌아오는 임무를 전문으로 하는 부대였다.

"남들이 다들 부러워하는 영예로운 애국열사가 되는 길이었지."

'애국열사'란 대게 남파되었다가 전사자가 되어 사망한 경우 해당하는 호칭이다. 물론 살아 돌아오면 '영웅'이 된다. 그야말로 로또 대박인 셈이지만, 죽더라도 2등은 된다는 식이다. 이것이 중요한 것은 유가족들의 계층이 한 단계 상승하기 때문이었다. 식료품 배급, 학교와 주택 및 직장 배정, 나아가 결혼까지 모든 영역에서 질이 달라진다. 북한 정권은 충성심을 얻어내기 위해 이 제도만큼은 확실하게 지킴으로써 주민들로부터 신뢰를 얻고 있었다.

이것을 목격한 군인들은 대 놓고 말은 못해도 '나 하나 희생하면 가족들은 행복해 질 수 있다'는 생각에 사로잡히는 것이다. 게다가 '설마 내가 죽을까' 하는 생각을 한다는 것이다. 그만큼 훈련도 적극적이 되었다. 자신의 생명을 지키는 훈련이니 오죽 열심히 하겠는가.

반면, 남파되었다가 체포되어 전향했다거나 자수를 했다면 가족들의 상황은 정반대가 되었다. 그런 가족들은 어느 날 소리 소문 없이 그 사회에서 자취를 감춰 버렸다. 그들의 행방을 묻는 것 자체가 금기였다. 더 이상 접근하려면 공포와 맞서야 했다. 그리고 아무도 그 공포와의 대결에서 이긴 적이 없었다.

적에게 포위가 되었을 때 자살한 경우도 애국열사로 인정받았다. 이런 제도는 지금까지 이어지는 북한 체제의 숨겨진 버팀목이다. 1996년 9월 14일 강원도 강릉 앞바다에서 북한의 잠수함이 좌초한 사건이 발생했다. 당시 승조원 11명이 군경의 추격을 받고 도주하다 4일 뒤인 18일 강릉시 청학산 정상에서 집단 자살한 시신으로 발견됐다.

이 집단 자살에 대해 매스컴은 '북한군 승조원들의 이상한 충성심' 정도로 보도했지만 실상은 달랐다. 그들로서는 김정일이 죽이고 싶도록 미웠어도 다른 방법이 없었다. 그들의 자살은 가족을 위해 선택할 수 있는 최선의 길이었던 것이다. 바로 이것이 북한 체제의 '악마적 시스템'이었다. 김익풍도 그런 시스템에서 자유롭지 못했다.

권총 차고 당증 맨 남자

1964년 당시 북한은 군사력은 물론이고 경제력도 남한보다 우월했다. 게다가 정치적 안정은 더할 나위 없었다. 휴전 후 11년이 지나는 동안 북한의 악마적 시스템은 더욱 견고해졌다. 정찰부대원들은 항상 죽음을 각오한 채 훈련에 임했지만 그로 인해 돌아올 보상이 이들의 심리적 우울감을 삭감시키고 있었다. 그들 스스로가 자신에게 주어진 최고의 영광이라고 믿게 됐다. 대학에서 물리학을 공부하다 입대한 김익풍도 예외가 아니었다. 김익풍뿐 아니라 그와 함께 작전에 참가하는 하전사나 군관들 모두가 이런 사정을 십분 이해하고 긍정적으로 받아들이고 있었다고 한다.

"언제 어디서 호출이 와서 출동하게 되더라도 옆에서는 아무 말도 안하게 돼 있지. 하지만 속으로는 부러워하기도 하고, 이게 이 세상의 마지막이 되겠구나 하는 생각도 하게 되지만, 그동안 열심히 훈련했는데 설마 내가 죽기야 하겠나 하는 생각들을 하는 거지."

전사(戰士)로 키워서 죽음으로 내 모는 시스템이 구축된 나라였다. 여기서 김익풍은 잘 적응하고 견뎌낼 수 있었다. 얼마 안 있어 그의 사상, 가계, 신체적 조건, 학력 등등을 평가한 노동당은 곧장 김익풍을 노동당 당원으로 가입시켜 주었고 동시에 장교인 군관으로 임관시켜 주었다. 그것도 끗발 좋기로 유명한 '정치부 소대장'으로. 그는 6개월 과정의 군관강습소를 거쳐 속성으로 인민군 소위 계급장을 달게 된다.

이것은 대단한 영광이었다. 노동당 당원이 된다는 것은 이미 북한 체제 내에서 상류층으로 진입한다는 이야기와 마찬가지였다. 더구나 283부대 정치부 장교라니.

"서울법대에 들어간 거나 다름없었지. 모든 게 해결되는 거니까."

북한의 처녀들은 이런 남성과 결혼하는 것이 남한의 부유층 남자와 결혼하는 것과 진배없었다. 남한에서 한 때 '열쇠 세 개 가진 남자'가 유행했듯 북한의 처녀들은 '찼느냐 맸느냐'가 일등 신랑감의 기준이 됐다. 김익풍처럼 특수부대 장교들은 실탄과 권총을 찬 채로 외출 외박을 나갈 수 있었다. 대단한 특권인 셈인데 처녀들은 권총을 찬 군인 신랑을 선호했다. 동시에 당원이 되면 당증을 왼쪽 가슴 속에 줄로 매고 다닌다. 그래서 당원과 결혼하기 위한 처녀들끼리의 경쟁이 치열했다. 이들에게는 '(권총) 차고 (당증) 맨' 남자가 구원자였던 셈이다.

정치부 = 세포위원장

북한의 지배계급은 세금과 병역의무가 없고 종을 데려다 대대로 노역을 시킬 수 있으며 그들의 소출을 받아 편히 살 수 있는 '조선조 양반'과 흡사했다. 다만 일부가 특수부대를 통한 특수한 병역을 해야 했다. 조선조의 무반(武班)인 셈이었다. 김익풍은 북한의 양반계급에 진입한 것이다. 더구나 '정치부 소대장'이었다.

'정치부'라는 직제는 소련에서 영향을 받은 결과였다. 호칭은 군대에서 '정치부'가 되고 일반 조직에서는 '세포위원(장)'이 된다. 이들은 노동당원이면서도 노동당의 '조직지도부'로부터 통제와 지시를 받는다. 즉 노동당의 2중 구조 속 핵심인 것이다.

공산당의 조직이론은 19세기 근대 과학에 영향을 받았다. 인간 조직을 유기체로 인식하고 조직 구성원을 하나의 세포로 파악한 것이다. 세포가 모이면 조직이 구성된다고 본다. 이에 따라 당원(조직원)은 '세포'가 되고 그 세포가 셋 이상 모이면 '당 세포'가 결성된 것으로 보고 여기에 반드시 '당 세포위원장'을 두게 했다. 이 사람이 조직을 지휘통제 하는 것이다. 겉으로는 당 대표가 실권자로 보이지만 당 조직지도부의 별도 통제를 받는 '세포위원장'들이 이들의 사상검열을 하게 되므로 결국 실권자는 당 세포위원장이 된다. 이것이 북한 노동당의 2중 구조이다.

동서양을 막론하고 모든 조직에 지휘관이 있지만 공산권에서만은 그 지휘관 옆에 부(副)지휘관이 설정되는 2중 구조를 갖는다. 바로 이들이 당의 '조직지도부'에 소속되어 별도의 지시를 받는다. 평시에는 도울 부(副)가 붙는 차상급자로 활동한다. 부지배인, 부사장 등과 마찬가지의 직함이다. 평소에 이들은 지배인이나 사장을 보좌하지만 매주 한 번씩 열리는 조직 내부의 정치사상 검열시간에서만큼은 이들이 실권을 쥔다.

그때는 지배인이나 사장이나 심지어 군대의 지휘관조차 평당원이나 일반 사병과 동급이 되어서 혹독한 사상비판을 받아야 하는 독특한 조직 제도이다. 연대장도 사상검열시간에는 이등병과 동등한 위치로 가야 한다. 대신 부연대장이 엄격한 심사를 한다. 그가 바로 '정치장교'이다. 물론 이 사상검열은 공정성이 생명이다.

소련과 동구권뿐 아니라 중공(中共)도 마찬가지로 이 제도를 북한보다 먼저 적용했으나 결국 동구권은 붕괴됐고 중공도 개혁개방으로 변질됐다. 하지만 북한만은 개혁개방의 가능성이 거의 없는 채로 버틴다. 그 비결은 바로 이 조직지도부(군에서는 정치부)의 존재 때문이다. 왜 북한만은 이 제도가 살아남았을까.

그것은 소련과 중공을 포함한 동구 사회주의권의 조직지도부가 북한의 조직지도부만큼 교조적이지 못해서였다. 동구 사회주의권의 공산주의자들 대부분은 민주주의의 직간접적인 경험을 가진 바 있었다. 그들은 최소한의 교조주의를 거부할 경험과 의지의 싹을 갖고 있었다. 동시에 당의 명령에 복종당하는 인민들 역시 집단 저항의 무의식적 경험을 갖고 있었다.

그들은 말도 안 되는 교조성을 그들 스스로 거부하려 애썼고 이로 인해 정치부 장교로 하여금 개개인의 사상을 철저하게 통제해서 전체주의 체제를 완성시킨다는 레닌의 구상에 금이 가게 되었다. 흐루시초프의 '스탈린 개인숭배 비판'이 신호탄이 되었다. 이 금이 커다란 조각으로 박살난 것이 '사회주의권의 붕괴'였다.

하지만 북한은 달랐다. 조선시대 성리학의 영향을 받았는지는 몰라도 북한의 당 조직지도부는 철저한 교조성을 띠고 있었다. 이 교조성이야말로 전체주의 정치문화의 자양분이었다. 북한의 철저한 교조성이 실상 악의 체제를 유지시키고 성장시키는 동력이 됐다. 김 익풍은 바로 그 조직지도부에 발탁되어 정치장교인 정치부 소대장 으로서 군생활을 계속하게 된 것이다.

"여기 남한에 와보니 군대가 이런 데도 있구나 싶었어. 구타, 욕설이나 가혹행위 이런 건 북한 군대에서 생각조차 못하지. 아니 그렇게 못하게 짜여 있지. 누구나 간에 일단은 군생활을 잘해야 7년 뒤 고향으로 돌아갈 때 직장 배치나 학교 배치를 좋은 데로 받게 돼 있거든.

그런데 그걸 뭐로 정하냐면 군생활 하면서 기록된 자료로 하는 거라. 제대할 때가 되면 이 자료가 고향의 군당(郡黨)비서실로 가게 돼 있어. 거기서는 이 자료로 배급도 주고 직장 배치도 하는 거지. 이게 바로 완전한 병영국가야. 그런데 군생활 자료는 어떻게 만들어지냐 하면 훈련 중일지라도 뭔가 잘했다고 판단되면 현장에서 즉시 칭찬을 하고 상을 내릴 수가 있거든. 분대장 이상이면 다 할 수 있고, 또 그렇게 해야 하지. 구두(口頭)로 상을 내려.

'아무개 하전사 동무는 돌격전 훈련에서 분대원들의 모범을 보였으므로 이에 포상함!'

이러면 주변에서 박수 치고. 나 같은 정치부 소대장은 이런 제도가 제대로 작동하는지 감시하는 장교라고 보면 돼. 수첩에 이 사실을 기록으로 남기지. 병사들의 사상검증도 하면서 당원으로 가입시킬 우수한 인재가 있는지 살피기도 하고. 소대장이하 전 대원들의 사상성을 감시한다고 보면 돼.

이렇게 해서 평소 발생하는 훈련기록들은 고스란히 병사들 개개인의 기록부에 다 옮겨지는 거야. 중간에 기록을 누락시키거나 하는 건 생각조차 못해. 그러다가 사상검증회의나 자아비판시간에 걸리기라도 하면 장교고 뭐고 조사해서 다 처벌받거든. 사상검증회의나 자아비판시간엔 상하급자가 따로 없단 말이야. 이게 구타보다 더 무섭거든. 한 사회가 바짝 긴장하게 만드는 제도야. 이걸 정치부 장교가 관장하니까 정치부 권한이 아주 세지.

잘못해서 벌을 받아도 고스란히 기록에 남아. 한국 군대는 현장에서 욕질하고 때로는 얻어터지고 하지만 그게 그걸로 끝나지. 여기 남한에 와서 살아보니 군생활 도중에 영창에 갔다 왔다고 해서 사회 나와서 무슨 불이익 크게 받았다는 소릴 내가 들어본 적이 없어. 그런데 북한 인민군대는 군생활 기록을 토대로 제대 후의 일생을 좌우하는 장치를 갖고 있는 거야. 이 장치 때문에 모두 꼼짝 못하는 거지. 어떻게 보면 한국군이 더 인간적이야. 인민군은 그런 인간적인 걸 기대하기 힘들지.

제도가 여기와는 너무 달라. 게다가 남파훈련 받는 부대로 뽑히면 그야말로 땡 잡은 거나 다름없어. 다들 그렇게 여기지. 살아 돌아오기만 하면 영웅칭호나 영웅메달 받고 고향으로 가서 1류 직장에 취직된단 말이야. 그러면 군당비서쯤 되는 사람이 나서서 중매를 서기도 해. 사진을 보여주면서 마음에 드는 여자를 고르라고도 하지. 물론 그 여성들도 군당에서 어느 정도 당성을 보장받은 여성들이고."

빼도 박도 못하게 만드는 제도

"이렇게 생각해 보라고. 군대생활 잘하고 전역하면 삼성 같은 일류기업에 취직시켜주는 제도가 있다면 모두 열심히 훈련 안하겠어? 반대로 잘 못 하고 나가면 국물도 없는 제도라면 말이지. 만약에 북파 공작원으로 나갔다가 임무를 성공시키고 돌아오면 집안 식구들 모두 몇 십억 원씩 받고 상류층 부럽잖게 살 수 있다면 열심히 안하겠어? 목숨 안 걸겠나 말이지. 북한이 그런 식이야. 124군부대 전원이 다 그 틀에 메어 있었던 거야. 나도 마찬가지고. 나보다 먼저 내려왔던 김신조 그 사람도 마찬가지였지."

만약 남파됐다가 자수를 한다면 가족들은 가차없는 숙청이었다.

일가족 모두가 수용소행이었고 3대까지 숙청대상이었다. 사회적으로 한 집안이 폭삭 망하게 되는 셈이다.

"죽거나 살아오거나 하는 건 부차적인 문제가 돼. 당이 요구하는 대로 할 수 있느냐 없느냐가 관건이 되는 거지. 붙잡히더라도 자폭하거나 자살하면 가족들은 잘 대우해 줘. 애국열사릉에 묘비도 세워주고. 그렇지만 자수를 하고 반공강연을 다닌다면 그 일가족은 살아남질 못해. 이걸 우리 모두가 알고 있었어. 그러니 빼도 박도 못하는 체제지. 뭘 어떻게 해 볼 도리가 없잖나. 더구나 살아 돌아와도 얼마나 용감하게 싸웠느냐를 가지고 나중에 평가와 비판을 받거든. 이때 평가를 잘 못 받으면 고생한 게 말짱 도루묵이 되니까 기를 쓰고 용감하게 싸우게 되는 거라.

지난 1996년 당시에 강원도로 잠수함이 내려왔다가 좌초된 사건 있었잖나. 그때 잠수함 승조원들이 전부 자결하지 않았어? 그 사람들은 자기 가족들 살리기 위해서 그랬던 거야. 죽기 전에 모여서 회의를 했겠지. 다들 이견이 없었을 거고……."

정치부 소대장이면서도 그는 노동당 직속 대남연락국 소속의 대남공작원들을 안내하고 고첩들과의 접선을 주임무로 하던 283군부대에서 특수훈련을 받았다. 그러는 동안에 휴전선 너머 국군의 경계지역까지 내려가 매복과 사진촬영을 하고 돌아오는 밀로(密路)정찰도 네 번이나 다녀왔다. 이때에도 그는 분조장(당세포장)으로서 조직원들의 사상검열과 통제 및 지도를 담당했다.

　김익풍 소위가 수행했던 밀로정찰의 임무는 크게 세 가지였다. 첫째, 적의 비무장지대와 남쪽 군사분계선 상에서의 잠복초소·순찰초소 및 검문소의 위치와 행동규율 등 경계상태를 파악하는 것, 둘째, 비무장지대와 남쪽 분계선 상의 도로분포 상태와 지리적 특성 정찰 및 정찰대의 밀로를 확정하는 것 등. 그리고 비정기적으로 남파공작원을 안전하게 호송해 주거나 복귀하는 공작원을 안전하게 호송하는 임무가 있었다.

　김익풍 소위는 조장으로서 이 임무를 매끄럽게 수행했다. 부모로부터 물려받은 온화한 인품도 한몫했지만 누구보다 그는 영리했다. 남들보다 눈치 있게 상황파악을 잘할 수 있었다. 이것이 그로 하여금 북한 체제에서 성공가도를 달리게 만들었다. 그가 이뤄낸 이 정도의 공적이면 조만간 영웅칭호까지는 못 받아도 그에 준하는 훈장 정도는 기대해 볼 만했다. 희망에 찬 젊은 시절이 열리는 듯했다.

　그런 가운데 해가 바뀌어 1965년이 밝았다. 그해 초, 대한민국 서울 남산의 중앙정보부 북한 분석국에서 근무하던 강인덕 과장(훗날 통일부장관)은 서울 시경 대공수사관으로부터 한 통의 이상한 전화를 받는다.

4장
강인덕 북한분석국 과장

이상한 간첩

강인덕 과장은 대공 수사관으로부터 전화로 간략한 보고를 받았다. 서울시청 앞에서 불심검문에 걸려 든 간첩을 잡았는데 그간 다뤄 온 간첩들과 너무 다르고 뭔가 이상해서 종잡을 수가 없다는 것이다. 그는 곧장 대공분실의 취조실로 갔다.

"한눈에 보기에도 대단한 특수공작훈련을 받은 사람이 아니었습니다. 임무가 뭐냐고 제가 다시 물어보아도 특별한 임무가 없다는 겁니다. 그러면서 실컷 서울에서 놀다가 명령이 하달되면 북으로 올라오되 쓰리(소매치기)한 것들만 지정해 둔 무인 포스트에 남겨두라고 했다는 거지요. 돈은 자기가 쓸 만큼 마음대로 쓰고 말입니다."

특별한 군사기술을 교육받은 바 없었고 무전기 조작법 정도만을 배운 것 같았다. 성장과정을 자술한 기록을 보면 소작농의 아들로 태어났지만 해방 후 학교생활에 적응하지 못한 채 불량하게 떠돌면서 평양 주변의 폭력배들과 어울리다 소매치기 기술을 배운 것으로 돼 있었다. 그런 범행이 보위부원에게 발각되어 수감됐는데 이상하게 군부대로 이송되고 특별한 교육도 없이 몇 가지 무전교육만 받은 채 남파됐다는 것이다. 수없이 반복해서 받은 자술서의 교차 비교에서도 거짓말은 나타나지 않았다. 강인덕 과장이 그 자술서 한 부분에 밑줄을 그었다.

"저는 북조선에서 저보다 더 쓰리를 잘 하는 놈을 본 적이 없습니다."

강인덕 과장은 인민군 정찰국 요원이 거리에서 굴러다니던 소매치기를 단기 교육시켜 내려 보낸 것이라고 판단했다. 그런데 왜 위험한 작전에 그런 자를 내려 보냈을까. 강인덕 과장은 이 과제를 머릿속에 담고 일주일을 보냈다. 그러는 동안 북한과 관련한 다양한 정보들이 그의 머릿속으로 입력되고 걸러져갔다.

애연가였던 강인덕 과장은 이 문제로 줄담배를 피웠다고 한다. 그러면서 확연히 드러나는 또 다른 특징 하나, '겨울침투'가 떠 올랐다.

그 무렵까지 북한은 공작원을 농번기나 녹음기를 이용해서 내려 보내다가 겨울이 되면 육상침투는 거의 중단하곤 했다. 눈밭에 발자국을 남기는 데다가 기동 속도에 장애가 되기 때문이었다. 그런데 소매치기 간첩을 겨울에 내려 보냈다는 것이 또 다른 특징이었던 것이다.

동계작전

"그것은 무얼 의미하는가. '공작 기간이 달라지는구나' 하는 걸 느꼈습니다. 공작 기간만 달라지는 것이 아니라 공작의 내용도 달라질 것이다. 그때까지는 2~3인조로 소규모 침투를 했다면 이제부터 얼어붙은 강을 신속하게 건너 돌파해 버리는 대규모 침투가 시작되겠구나. 이런 판단이 내려진 것이지요."

북한 동향을 분석하는 강인덕 과장은 결코 북한만을 들여다보지 않았다. 그는 거시적으로 국제공산주의 운동의 흐름에서부터 파고 들었다. 1965년 당시 공산권은 아시아 공산주의 확산에 주력했다. 베트남전쟁을 중심으로 미국과의 대결을 통해 승리해야 아시아 전역의 공산화가 가능하다고 판단하고 있었다. 소련과 중공(中共)이 서로 분쟁을 하더라도 이 부분만큼은 공조하고 있었다. 그들은 월맹의 호치민을 최우선적으로 지원해 미군이 베트남에 침투하는 것을 저지하고 있었다. 여기서 김일성도 무슨 기여를 해야 하는 입장이었다. 그로서는 주한미군과 베트남 파병에 앞장서는 한국군으로 하여금 국내 정세에 발이 묶이도록 손을 써야 했다. 이런 상황이 김일성으로 하여금 새로운 방식의 대남공작을 준비하게 만든 것이다.

일주일쯤 뒤에 강인덕 과장은 북한의 대남공작이 앞으로 대범하게 바뀔 것이라는 예측을 조심스럽게 시도했다. 그러나 아직 보고서는 쓰지 않았다.

"쓰리꾼이 남한에서 얻을 수 있는 것들 대부분은 북한에서도 얻을 수 있는 것들입니다. 지갑, 만년필, 시계, 반지, 목걸이 같은 것들이지요. 더구나 그 무렵 북한의 경제사정은 우리보다 훨씬 좋았습니다. 그런 물건이 탐나서 내려 보낸 건 아니지요. 다만 소매치기가 훔친 물건 중에서는 북한에서 얻지 못하는 게 있어요. 바로 시민증이나 도민증이라는 신분증입니다(주민등록증은 1968년 11월부터 시행된다).

게다가 대남침투 요원들을 훈련하는 부대가 강화됐다는 정보도 있었고요. 이런저런 정보를 취합하면 겨울을 통한 동계작전으로 합법을 가장한 반(半)합법투쟁이나 비(非)합법투쟁을 대담하게 본격적으로 전개하겠다는 것으로 저는 판단한 겁니다. 그러니까 불심검문을 합법적으로 통과하기 위한 신분증의 확보! 그를 통해 가능해 지는 작전에 관한 경우의 수는 무척 다양해지고 복잡해지는 거지요. 이것을 빨리 보고하면 더 많은 대비책을 강구할 수도 있지만 보다 확실한 근거가 나올 때까지 일단 지켜보아야 했습니다."

서대문구 홍제동의 고정간첩

강 과장은 수사관들에게 이 소매치기 간첩을 역이용해야 한다는 건의를 했다. 대공 수사당국은 그 건의를 받아들여 실현시켰다. 일단 소매치기 간첩을 전향시키는 데 성공한 대공 수사당국은 그로 하여금 북한으로 무사히 도착했다는 무전을 보내게 했다. 그로부터 몇 달 동안 인민군 정찰국 통신과는 새벽 2시경만 되면 난수번호를 이용한 지시문을 내려 보냈다. 민족보위성 총참모부 정찰국은 소매치기 간첩에게 무인 포스트를 지정해 주고 훔친 장물들을 두고 가도록 했다. 그때마다 소매치기 간첩은 충실하게 지령을 이행해 가면서 북쪽과의 신뢰를 쌓아 갔다. 동시에 수사관들은 무인 포스트에 접근하는 고첩의 신병을 확보했다. 꼬리를 잡은 것이다.

서울 홍제동에 거주하는 45세의 이 남성은 북한이 고향이었고 처

자식을 두고 월남해 서울에 거주하고 있는 자였다. 수사관들이 그를 체포하고 집안을 수색하자 소매치기 간첩으로부터 확보한 시민증과 도민증이 수십 장 발견됐다. 이것을 사용할 공작원이 곧 남파될 것을 암시하고 있었다.

대공 수사관들은 이 고첩을 재활용해 최종적으로 침투해 오는 공작을 잡아야만 이 사건이 끝난다는 것을 알게 된다. 그리고 전광석화처럼 고첩의 전향공작에 착수했다. 약 두 달 간에 걸쳐 고첩의 전향공작이 마무리될 즈음이던 1965년 6월 말, 북에서 '3명의 손님을 받아 안내하라'는 지령을 보내왔다. 시간과 장소는 추후 하달하겠다는 내용이었다. '소매치기 간첩-고첩-공작조'를 일망타진 할 수 있는 기회가 오고 있었다.

그 무렵 서울 시내는 지난해부터 연일 한일회담 반대시위로 몸살을 앓고 있었다. 15만여 표로 근소하게 야당을 누르고 정권을 잡은 박정희 정부에 대한 야당과 학생들의 반정부시위에서 한일회담은 좋은 구실이 되어주었다. 그러나 실상 한일 국교정상화를 목표로 시작한 한일회담은 1952년 2월 15일, 이승만 정권에서부터 시작해 1965년에 이르기까지 무려 7차에 걸쳐 이어져 온 것이었다. 항일운동가였던 이승만 대통령조차 국교정상화라는 현실을 인정하고 협상을 전개했으나 권력투쟁의 도구로 삼은 야당과 학생들은 박 정권의 한일회담을 결사반대하고 나선 것이다.

그런 중에 1965년 6월 22일 당시 한국의 이동원 외무부장관과 일본의 시나 에쓰사부로(椎名悅三郞) 외상이 도쿄 일본 총리관저에서 '한일협정'에 서명함으로써 한일회담은 13년 8개월 만에 대단원의 막을 내린다. 남은 것은 국회비준을 받는 절차로 8월 17일로 예정되어 있었다.

한일 간의 세계적 외교성과로 꼽히는 이 사건에 대해 김일성은 예민하게 반응하고 있었다. 그의 지시는 정찰국장 김정태를 통해 구현되고 있었던 것이다. 김익풍은 당시를 이렇게 설명했다.

"1964년부터 시작된 한국군의 베트남 파병은 김일성으로 하여금 대남도발을 적극 시도하게 만들었지. 성공 가능성이 커 보였을 거야. 사실 그때만 해도 북한의 경제력이 남한을 두 배 이상 앞서고 있었으니까 우리들이야 '남조선 까짓것 미군만 없다면……' 하는 식으로 가볍게 보고 있었거든. 어느 정도 사실이기도 하고 말이지.

김일성은 월맹의 호치민에게 경쟁의식을 갖고 있었어. 6·25때 미군과 붙어봤던 자기처럼 호치민 군대가 미군과 전투를 벌이면서 잘 버티는 것을 보고 경쟁심이 발동한 거야. 그러면서 남한도 베트남과 유사한 전술이 먹힐 것이라는 생각을 김일성이 하게 된 거지. 그 임무를 김정태에게 준 것이고."

진실이든 거짓이든 자신이 주인공이 되었던 항일유격대의 영웅적 전투담을 무척 좋아했던 김일성은 전투도 유격전식으로 해야 한다는 믿음을 갖고 있었다. 그런 김일성에게 적진 깊숙이 침투, 습격과 파괴를 주된 전투기술로 삼는 특수전 사령부 격의 민족보위성 정찰국장에 부수상 김책의 둘째아들인 김정태를 임명한 것이 어쩌면 당연했는지도 모른다.

김일성은 자기보다 9살이나 많았던 김책을 그만큼 믿었으며 존경했기 때문에 6·25 당시 김책이 죽자 세 아들을 극진히 보살펴 주었다. 그러면서 둘째아들인 김정태에게 283부대를 맡긴 것은 그의 노골적인 욕망이 투사된 것으로 봐야 할 것이다. 저돌적인 김정태는 283부대를 통해 무력도발의 가능성을 타진하고 있었다.

이러한 일련의 과정에서 발생한 것이 '송추 무장간첩사건'이었다. 바로 김익풍의 직계 선배들이 남파되었던 작전으로 지금까지 이 사건은 남한의 입장에서만 정리되었고 북한에서의 전개과정은 제대로 알려진 바 없었다.

5장
공화국 전투영웅의 탄생

송추 무장간첩사건

1965년 늦봄 283부대에서 김익풍은 『노동신문』을 통해 서울 시내의 데모 상황을 눈여겨보고 있었다. 그가 지금까지 기억하는 한 장의 사진은 '신설동 로타리까지 진출한 애국 학생들의 외침'이라는 제목의 사진이었다. 데모하는 학생들이 건물을 배경으로 수백 명이 모여 있는 장면이었다. 계속해서 이런 사진만 보아 온 김익풍으로서는 박정희 정권이 머지않아 뒤집힐 것이라고 예측했다. 게다가 '신설동 로타리'가 대단한 중심가로 여겼다고 한다. 훗날 서울 시내를 직접 둘러본 그는 『노동신문』에서 본 사진을 기억하며 어이없어 했다고 한다.

"이렇게 작은 로타리를 마치 서울의 대단한 광장처럼 제목을 붙여 놓고 글을 써 놓았으니… 참 속은 나도 그렇고……"

김익풍이 근무하던 283부대 규모는 약 2,000여 명으로 추정되는데 지역대별로 막사가 분리돼 있는데다 대원들 간의 교류가 거의 없어 서로를 알아보기 쉽지 않다. 1965년 6월 초, 이 부대에서 30대 초반의 이재영 대위, 우명훈 대위, 노성집 대위가 비밀리에 차출되어 지프로 평양 외곽의 초대소로 이송된다.

체포된 노성집 인민군 대위가 사형당하기 전에 남긴 수기에 따르면 그들은 안가(安家)로 사용되는 초대소에서 정찰국장 김정태와 접견하고 남파공작임무와 그 의의에 대해 교육받았다고 한다. 그들의 임무는 '도로에서 박정희의 자동차를 수류탄으로 파괴, 암살하는 것'으로 '한일회담을 지연 파탄시키고, 괴뢰 정권 위정자들에게 공포감과 혼란을 조성시켜, 베트남과 같이 유격활동의 전법을 써서 본때를 보여주는 것' 등을 의의로 설명하고 있었다.

작전 준비기간은 1개월. 침투 후 다시 1개월 내에 암살을 성공시키도록 지시를 받았다. 이들은 모두 30대 초반으로 6·25 참전 경력을 갖고 있었고 그 후 계속 군생활을 해 온 전투 프로들이었다. 우명훈 대위가 당 세포가 되고 조장은 노성집 대위가 맡았으며 이재영 대위는 조원이 됐다.

이들이 도상훈련과 밀봉교육을 거쳐 투입완료 시점에 도달할 무렵 작전개시 명령이 떨어졌다. 동시에 서울 홍제동 고첩의 무전기에서 '7월 18일 18시 송추계곡 박우물 앞 금수장'이라는 접선장소가 전달됐다.

세 명의 공비들이 안내조의 도움을 받아 철책선을 뚫고 임진강변에 도착한 때는 7월 13일 밤. 안내조가 돌아간 뒤 이들 세 공비가 수영으로 강을 건너 야산을 타고 송추계곡에 잠입한 때가 7월 17일. 제헌절이자 토요일이었던 이날은 이틀 간의 연휴로 송추계곡 주변이 피서객과 행락객들로 인산인해를 이루었다. 접선날인 18일 오후가 되자 집으로 돌아가는 사람들이 늘어가면서 계곡 주변은 한산해지기 시작한다.

대공 수사관들이 행락객으로 위장한 채 고첩을 접선장소로 내 보내 유인하는 과정에서는 별다른 이변이 없었다. 빈 택시 한 대를 세워두고 택시를 타도록 유인하면 뒤에서 수사관들이 일제히 덮치게 되어 있었다. 실제로 남파 공작원들과 접촉한 고첩은 공작원들로부터 신뢰를 얻은 다음 빈 택시로 유인하고 운전기사를 찾아오겠다는 말을 남긴 채 사라졌다. 그 순간 수사관들이 공작원 세 명을 덮쳤다.

한 수사관이 노성집 대위의 머리를 쇠뭉치로 가격했다. 머리를 얼어맞고 쓰러진 노성집 인민군 대위를 제외한 두 공비들은 격투를 벌이며 형사들을 향해 권총을 발사하고 서로 다른 방향으로 달아났다. 그 과정에서 공비들과 경찰관들 간의 총격전이 벌어졌는데 공비가 쏜 총에 경찰관 2명이 순직했다. 군과 경찰이 도망 중인 공비를 추격하는 과정에서 두 명의 공비들도 총상을 입은 사실을 확인했지만 이들을 생포하는 데는 실패했다.

당시 이 사건은 도하 신문에 「송추 무장간첩사건」으로 대서특필됐다. 그러나 '대통령 암살'에 대한 보도는 일절 없었다. 모든 언론들이 공비들의 남파 목적을 '서대문구 인근의 미군 숙소 폭파를 위해'라고 보도하고 있었다.

한국의 대공 수사진은 더 이상 이들을 추적하지 못했다. 그러는 사이 총상(銃傷)을 입은 이재영, 우명훈 두 공작원은 각각 임진강을 넘어 휴전선을 돌파하고 북한 땅으로 무사히 복귀하는 데 성공했다.

공화국 전투영웅

여기서부터 김익풍의 증언은 보다 흥미롭다. 당시 복부에 총상을 입은 채 철책을 넘어 북한지역으로 진입하던 이재영은 북한 경계병들로부터 사격을 받았다고 한다. 이재영은 옷을 찢어 백기처럼 흔들면서 "나는 지하혁명가다!"라고 외쳤는데 그 말 한마디에 사격이 일제히 멈추더라고 했다. '지하혁명가'는 북한의 군인들조차 가장 존경하는 직업이었던 것이다.

이재영은 즉시 최고 의료수준을 자랑하는 '평양 11호 병원'으로 옮겨져 목숨을 건졌다. 그에 비해 우명훈은 팔에 총상을 입고 비교적 순탄하게 복귀했다.

이들이 살아 돌아온 뒤 즉시 영웅대접을 받은 것은 아니었다고 한다. 처음에는 283부대장이 이들의 생환 소식을 듣고 난감해 했다는 것이다. 어찌됐던 임무가 실패한 것 때문에 문책이 뒤따를 줄 알았다고 한다. 병원에서 퇴원해 자대로 복귀한 두 장교들도 문책을 두려워하며 풀이 죽은 채 내무반에서만 머물러 있었고 김익풍 소위도 그 광경을 목격했다고 한다. 그런데 며칠 뒤 뜻밖의 일이 벌어진다.

당시 김일성은 계획경제지표가 상승하고 있다는 보고를 받고 무척 흐뭇해 하면서 "이 모든 것이 공화국을 위해 충성하는 열성분자들 때문"이라고 말했다고 한다. 그러면서 이런 지시를 했다는 것이다.

"거 일전에 서울 가서 총 맞고 돌아온 동무들 있다며? 그 동무들 날래 특진시켜 주라우."

지옥에서 천국으로 팔자가 확 바뀐 것이다. 부상이 가장 심했던 이재영 대위와 보다 덜 했던 우명훈 대위는 영관장교인 소좌(소령)로 특진했다. 물론 '공화국 전투영웅'의 칭호와 훈장을 받았다. 그러다 이들의 팔자가 다시 한 번 펴는 때가 온다.

송추 무장간첩이 124군부대 부대장이 되다

1967년 4월, 정찰국장 김정태는 본격적인 특수부대를 편성한다. 바로 124군부대의 창설이었다. 김일성에게 보고를 하자 김일성은 그 자리에서 "야, 거 부대장은 서울서 총 맞고 살아온 사람 있잖아. 그 사람 대장 시켜"라고 했다는 것이다. 이 지시로 인해 283부대에서는 웃지 못할 일이 벌어졌다.

이재영 소좌와 283부대장인 대좌가 김정태 국장에게 불려 가는데 출발할 때 지프차의 상석인 앞자리엔 부대장이 앉았고 뒷자리에 이재영 소좌가 앉아 있었다. 그런데 돌아오는 차에서는 이재영 소좌가 상석에 앉고 283부대장이 뒷좌석에 앉아 있더라는 것이다. 283부대 안에서 이 장면은 화제가 됐다. 그런데 더 재미있는 것은 이들의 진급과정이었다. 124군부대는 여단(旅團) 규모이므로 부대장이 장성급

이어야 했다.

영관 초급장교를 갑자기 장군으로 승격시키는 방법은 북한도 존재하지 않았던 모양이다. 그들은 절차를 지켜 이재영 소좌를 장군으로 진급시켜야 했다. 하는 수 없이 매일 한 계급씩 진급을 시켜 가게 된다. 첫날엔 소좌에서 중좌로, 다음날이면 중좌에서 상좌로, 다시 그 다음날엔 상좌에서 대좌로, 그리고 마지막 날엔 소장 계급장을 부착하게 됐다. 그와 함께 우명훈 소좌도 대좌까지 매일 1계급씩 진급해 갔다. 서류상으로 그렇게 작성해야 형식을 갖출 수 있다고 보았기 때문이었다.

1967년 4월, 124군부대가 창설되면서 이재영은 부대장(部隊長)으로, 우명훈은 8개 기지(基地) 중 제6기지장(基地長)으로 부임했다. 각 기지는 남한의 8개 도(道) 중 하나씩을 전담하게 돼 있었다. 서울과 경기도를 작전구역을 삼는 제6기지에서는 김신조 소위가 훈련 중이었다. 그도 우명훈을 기억하고 있었다.

김일성의 이런 엉뚱한 지시가 완전히 불합리의 극치를 보여준 것으로만 볼 수는 없었다. 124군부대의 속성상 가장 치열한 전투에서도 살아남는 자가 가장 높은 계급으로 부하들을 통솔해야 한다는 실질적인 측면이 엄연히 존재했기 때문이었다. 당시 김익풍 소위는 그 과정을 지켜보면서도 아무런 반감이 일어나지 않았고 다른 대원도 마찬가지였다고 한다. 오히려 그럴수록 김일성 수령에 대한 신뢰가 더 높아졌으며 특진의 영광을 누린 선배들이 부러웠고 진정 흠모의 대상이 됐다는 것이다.

최신 버전의 전투기술 강의

그들이 단순 생환했다는 이유 때문에 그런 대접을 한 것만은 아니었다. 이재영과 우명훈은 문책을 받지 않고 특진되자 이들의 전투 경험을 산지식으로 공유하기 위한 대대적인 강연과 철저한 지도 교육이 뒤따랐다고 한다. 이들은 124군부대로 진급해 가기 전엔 283부대에서 이미 강연과 지도를 했다. 강연은 100여 명 정도로 대원들을 집합시킨 가운데 연설을 하는 식이었고 지도 교육은 1대 1의 교육에서 전투기술을 토론과 함께 전수하는 방식이었다. 그런데 이 두 교육내용이 워낙 실제적이어서 부대원들에게 깊은 감명을 주었다는 것이다. 그때까지만 해도 6·25 당시 전투경험을 가진 교관들의 교육이 전부였는데 이번엔 '최신 버전의 전투기술 강의'가 전수되기 때문이었다. 이들의 전투경험은 그 후 남파된 다른 공비들에게도 고스란히 전파됐다. 당연히 김익풍 소위도 이들의 강의를 듣고 숙지했다. 그 중 일부를 김익풍의 말을 빌려 소개해본다.

"공작원은 5감을 너머 6감을 발달시켜야 한다고 강조했지. 어떤 행동을 하다가도 뭔가 이상하다 싶으면 일단 멈추라는 거야. 그리고 그 이상한 낌새가 어디서 나오는지를 살피라는 거지. 우명훈은 송추에서 접선장소로 접근하면서 그 낌새를 느꼈다고 했어. 동지들보다 조금 더 빨리 느낀 덕분에 체포되는 순간 그 자신은 먼저 튈 수 있었다는 거야."

그가 탈출하는 과정도 학습내용에 포함됐다.

"유원지에 사람들이 많았는데 권총을 들고 쏘면서 달리니까 겁을 먹은 사람들이 길을 비켜줬다고 했어. 대신 추적해 오는 경찰들은 오히려 총을 쏘면 사람들이 다칠까봐 못 쏘고 쫓아오는 거라. 그러다가 사람들로 길이 막혀 뒤처지는 거지. 덕분에 공작원은 앞산의 8부 능선까지 올라붙을 수 있었다고. 도피할 때는 이것저것 가리면 안 된다는 거지. 인정사정없이 살기 위해 길을 만들어야 하는 거야. 누가 죽든 다치든 그건 둘째 문제고."

"산 능선으로 이동하다 여자를 만나게 됐는데 즉시 이 여자를 인질로 삼고 깔고 앉았다고 해. 저녁 무렵 국군이 수색을 하면서 다가오더래. 자기는 혼자이고, 적은 부지기수인데 여기서 들키면 몇 명은 죽이겠지만 자신도 도저히 승산이 없더라는 거지. 그래서 최대한 공격을 자제한 채 한 손으로는 여자 입을 막고 다른 한 손으로는 권총으로 사격준비를 하고 기다렸다고 해.

그런데 그 수색대가 바로 옆에까지 와서도 찾지 못한 채 돌아서더라는 거야. 거기서 이재영 소좌가 우리에게 전해 준 교훈은 적과 눈동자가 마주치기 전에는 절대 먼저 쏘지 말라는 것이었지. 눈동자가 마주치는 순간에는 쏠 준비를 하고 있는 이쪽이 백번 유리하니까 먼저 나서지 말고 숨죽이고 있으라는 거야. 두 눈이 마주치면 적어도 0.5초 정도는 여유가 있다고 해. 그때 먼저 방아쇠를 당길 수 있거든. 이 교훈은 정말 도움이 됐어."

6장
청와대 기습사건

124군부대로 차출되다

김익풍은 이재영, 우명훈과 같이 283부대에서 근무하다 124군부대
가 창설되자 차출되었고 거기서도 이들 두 공작원을 만나고 교육을
받았다. 이제 1968년 1·21사태와 울진삼척 무장공비 침투사건으로
이야기를 옮겨 보자.

1967년 봄이었다. 느닷없이 영관급 지도원이 283부대의 김익풍
소위가 소속된 막사 내무실로 들어왔다. 그는 다른 사람들은 다 제
쳐두고 김익풍 소위에게 시선을 고정한 채 걸음을 옮기고 있었다.
불과 1~2초 동안 김익풍은 이 사태를 분석했다. 이런 경우 일이 크

게 잘못 되거나 아니면 정반대로 아주 재수가 좋을 것이었다. 하지만 그 순간 어느 쪽일지 판단하기 어려워 머뭇거렸다. 그러는 사이 지도원이 김 소위 앞에 도착했다.

"김익풍 동무, 짐 싸시오."

질문은 허용되지 않는다. 다른 부대로 옮겨 간다는 것 외에 알 도리가 없다. 하지만 다들 눈치가 백단이 넘었다. 30여 명이 침상 아래 위로 흩어져 이 광경을 보다가 금방 부러워하는 눈빛으로 변해갔다. 이건 틀림없이 좋은 일이었다.

그를 태운 지프차가 평양 외곽의 상원군 흔희동 산속으로 달렸다. 평양 인근의 숲속에 마련된 군부대였다. 바로 124군부대 제3기지였다. 작전지역은 강원도. 비슷한 시각, 그와 생면부지의 김신조 소위도 차출되어 황해도 연산군 제6기지로 배치받고 있었다. 작전지역은 서울.

1967년 4월, 정찰국은 124군부대를 창설하면서 전국의 각 부대에서 사상이 투철하고 전투력이 출중한 20세에서 30세 중반 사이의 병력을 차출하고 있었다. 각 기지별로 300명씩 총 2,400여 명을 수용해 8개 대대 규모, 1개 여단의 편재를 유지한 채 대남 유격전 전문 부대를 구성한 것이다. 훗날 이 부대는 10만 명 규모의 특수 8군단으로 확대 개편된다.

"평양 부근 흔희동의 제3기지는 해발 800미터 이상 되는 산중턱에 부대가 있었고, 나중에 알게 됐지만 모든 특수부대들은 주변에 저수지를 끼고 있었지. 전투수영과 고무보트, 해상침투훈련도 거기서 했거든."

"막사는 현대식 건물이었고 실내체육관도 있었어. 여기처럼 군부대라고 해서 담장이나 철조망 같은 거 만들지 않아. 도망갈 놈이 없지. 살려면 군대로 기어 들어와야 하는 나라니까 말이야. 그냥 숲속에 건물이 있는 거라고 보면 돼. 목욕탕과 샤워장도 있었고 식당엔 식모와 요리사들이 상주했지. 먹는 거 하난 잘 먹었어. 1인당 하루 400그램의 돼지고기가 나왔고 '모란과자'라는 최고급 간식도 언제든지 먹을 수 있었어. 여기서는 '상투과자'라 부르더만. 담배는 최고급인 '백금강'이 주어졌고, 수통엔 온수(溫水)에 토종꿀을 타서 채워줬어. 잘 해줬지. 이러니 충성 안할 수 있나. 그러고는 늘상 훈련이었어.

발목에 모래주머니를 차고 다녔고 산악구보가 일상이었지. 천리행군도 하고. 사격은 조준사격 같은 건 거의 한 적이 없었어. 그저 피피(PPsh-43) 기관단총 들고 달리다가 지도원이 숨어서 표적을 움직이면 숲속에서 불쑥 튀어나와. 그 방향을 대충 감 잡고 쏘아 맞추는 훈련을 많이 했어. 40~50미터 앞의 표적을 향해 쏴서 40퍼센트 명 중이면 합격이었는데, 다들 이 정도는 했지. 자기가 살아야 하는 기술이니까 모두들 자발적이었어. 여기 군대처럼 강제로 하는 건 구경조차 못했지."

그가 설명하는 '즉각조치 지향사격기술'은 기동 중 돌발표적을 향해 사격하는 전투기술로서 1960년대에 카빈과 M1 소총을 가졌던 한국군에게는 생소한 사격술이었다. 이 사격술은 종래의 사격처럼 가늠자를 통해 가늠쇠와 목표물을 일치시켜 쏘는 방식이 아니라 허리춤에 들고 있다가 반사적으로 총구를 목표와 일치시킨 채 방아쇠를 당기는 사격술이다. 총구를 언제든 수평으로 유지할 수 있는 훈련이 필요하고 빠른 시간 내에 초탄(初彈)이 어디에 맞았는지 탄착점을 확인한 뒤 오조준(誤照準) 해서 명중시키는 것이 요령이었다.

이런 전투기술들은 1 대 1 개인교육이거나 지도교관 1명이 4~5명을 담당하는 식으로 진행됐다. 못한다고 기합을 주거나 욕설을 하지는 않는 대신 알아들을 수 있도록 상세하게 가르치고 반복해서 습득하게 했다. 독도법, 지형판별법, 은거지 위장법, 생존…… 특히 독도법을 이용해 특정 지점을 찾아가 숨겨놓은 지령문을 획득한 후 지령에 따른 임무수행준비와 작전수립 및 분석 등을 해 나갔다.

"교관들은 거의 사복 차림이었지. 군복을 입더라도 계급은 거의 위장계급이었고. 북한에서 특수부대원들은 상위부터는 권총을 안

찼어. 혁대도 안 매고. 보통은 대령급 이상부터 그렇게 입거든. 그러니까 제복이 양복이 되는 셈이지."

지도교관들은 휴전선을 넘나들며 밀로(密路) 정찰을 수도 없이 해 낸 사람들이거나 6·25때 게릴라전을 성공적으로 치렀던 경력자들이었다. 그중에는 경계가 엄중한 남한의 나이키호크 미사일 기지를 촬영하고 돌아오기를 수십 차례 해 낸 고수(高手)도 있었다.

교관들 모두가 자신의 전투경험을 심리적 측면까지 기억해서 대원들에게 전달했다. 숨차도록 힘든 훈련이 반복됐지만 부대원들은 자발적이고 적극적으로 훈련에 임했다. 비단 124군부대뿐 아니라 당시 북한 인민군대 전체가 그러했다. 북한의 하부구조는 그 무렵만 해도 꽤나 '설계대로' 모범적이었다고 한다.

"지도원들은 기합 주거나 구타 같은 건 상상도 못하고, 말도 안 되는 거지. 자상하고 친절하게 가르쳐 주는 거라. 어차피 나가면 죽게 될 목숨들이니까 측은하게 여겼을 거야."

황해도 연산군 제3기지에서 훈련을 받던 김신조 소위는 이듬해 1월 초, 31명의 대원에 포함되어 청와대 습격임무를 띠고 김익풍 소위보다 먼저 남파됐다. 훗날 한국의 정보당국이 분석한 자료에 따르면 이 작전에 개입한 인물들은 김창봉 민족보위상, 최광 인민군 총참모장, 오진우 인민군 총정치국장, 허봉학 노동당 중앙위원회 대남사업총국장, 김정태 총참모부 정찰국장, 이재영 124군부대장, 그리고 우명훈 제6기지장으로 정리하고 있다.

물론 최고 의사결정권자는 김일성이었다. 이들은 시범적으로 이재영-우명훈의 전투경험을 전수받은 제6기지에서 31명을 선발해 사상 최대 규모의 타격작전을 시도한 것이다. 이런 사실을 남한은 얼마나 알고 있었을까?

정보를 아는 지도자

1967년 9월 초, 윤필용 방첩대장은 북한의 김정태 정찰국장과 전투서열이 동일하다. 같은 임무를 맡은 부대라는 의미다. 윤필용 대장의 방첩대가 해안으로 침투하던 공비를 생포해 심문한 결과를 중앙정보부 강인덕 북한분석국 과장에게 전해 주었다.

"그해 창설됐다는 124군부대 소속이었습니다. 부대 규모나 정확한 위치는 파악이 안 되지만 북한이 본격적으로 공격해 올 것이라 판단했지요."

비슷한 시각, 황해도 연산군에 배치된 124군부대 제 6기지에서는 병력 차출이 다시 한 번 있었다. 지도원들이 뽑은 인원은 총 35명.

이 중 청와대 기습조 15명을 특별 타격대로 두고 나머지를 5명 1개 조로 총 4개로 구성한 뒤 이들에게는 각기 다른 목표의 타격임무를 주었다. 세부 임무로는 제1조 청와대 기습, 제2조 미 대사관저 습격, 요인 살해, 제3조 육군본부 습격, 장성 살해, 제4조 서대문교도소 습격, 죄수 탈옥, 제5조 서빙고 방첩대 간첩수용소 습격, 간첩 구출 등 이었다.

그러나 이들의 다양한 임무는 최종적으로 청와대 기습임무만으로 축소되면서 인원도 재편성된다. 처음에 포함되지 않았던 소위가 대타로 투입됐다. 그가 김신조 소위였다. 차출된 김신조 소위의 회고다.

"이제 죽었구나 하는 생각이 들었지요. 그래도 임무가 실패하리라는 생각은 한 적이 없었습니다. 저나 대원 모두가 당과 수령을 위해 죽는 것이니 최고의 영광이라고 여겼습니다. 가족들을 두 번 다시 볼 수 없게 되지만 조국이 그들을 대우해 주어 잘살게 해 줄 테니까 다른 걱정도 없이 비장하게 임하게 되는 거지요."

이들이 강도 높은 훈련을 계속하고 있을 무렵 서울의 중앙정보부 북한분석국 강인덕 과장은 종래와 다른 북한 동향 보고서를 작성하고 있었다. 박정희 대통령은 분기별로 한 번씩 강인덕 과장을 불러 보고를 청취했다. 1967년 연말이 다가옴에 따라 강 과장은 이때를 위한 보고서를 작성하고 있었다.

박 대통령은 전문가의 보고를 청취할 때면 그의 직속상관을 배석시키지 않고 직접 대면했다. 그로 인해 정치인인 직속상관들의 정보 왜곡을 차단하고 사실만을 알고자 노력했다. 특히 박정희 자신이 육군 정보국의 북한분석반을 지휘했고 6·25 당시 낙동강 전선이 형성되었을 무렵에는 본인이 직접 연락기에 올라 경남 진주 상공을 저공 비행하며 인민군의 점령정보를 수집하기도 했다. 정보의 가치와 수집의 어려움, 그리고 분석과정의 중요성을 누구보다 잘 아는 지도자였던 것이다.

"각하, 인민전쟁이 시작됐습니다."

1967년 가을의 중앙정보부는 동백림사건을 터뜨리면서 불난 벌집처럼 시끄러웠다. 저돌적인 김형욱 정보부장의 주먹구구식 수사로 인해 외교문제가 터지고 국제여론의 몰매를 맞기 시작한다. 그러나 북한분석국만큼은 그런 소용돌이에서 완전히 분리되어 있어 아무런 여파도 미치지 않고 있었다.

1967년 11월 25일 마지막 주 토요일. 가을이 깊어지고 있었다. 오전 10시쯤 강인덕 과장은 박정희 대통령의 호출을 받았다. 북한 동향보고를 원하는 것이다. 김형욱 부장이 강 과장을 차에 태워 청와대로 갔다. 김형욱은 북한에 대해 아는 바가 없었다. 그는 강인덕 과장의 보고가 시작되면 대통령 집무실 밖에서 이후락 비서실장과 환담을 나누곤 했다.

박정희 대통령의 요구로 그런 모양새가 지속됐다. 그날도 마찬가지였다. 넓지 않은 대통령 집무실에서 강인덕 과장은 궤도를 걸고 브리핑을 시작했다. 재떨이를 옆에 두고 박 대통령 혼자 강 과장의 설명을 차분히 들어가며 보고서에 밑줄을 치고 있었다. 강인덕 전 장관의 회고다.

"박 대통령은 제가 브리핑을 하면 보고서를 읽으시면서 중요 부분은 줄을 치시지요. 그러다가 심각한 부분이 나오면 '아, 그래?' 하시면서 잠시 멈추라는 사인을 주십니다. 제가 설명을 중단하고 기다리는 동안 이 분은 담배에 불을 붙여 깊게 들이마시지요. 골똘하게 생각하시는 겁니다. 그 장면을 보면 '아, 저것이 지도자의 고독이구나' 하는 걸 알 수 있습니다. 그 누구의 도움도 받을 수 없고, 국가 재정과 군사력의 상황을 그 누구보다 잘 알고 있는 당신 혼자만이 계산하고 결정을 해야 하는 겁니다. 제가 경제 전반의 정보를 알 수도 없는 것이고, 정치 전반의 상황을 이해할 수 없는 것이잖습니까. 우리의 방어능력과 미국과의 관계 등등 모든 정보의 취합을 그분 혼자 하시는 겁니다. 그것이 국가의 지도자인 것이지요."

그날 브리핑 전반은 평소와 다름없는 북한의 정세 보고였다. 그러나 차트의 마지막 장은 종래와 달랐다. 강인덕 과장은 북한의 무력 남침에 대해 이야기하기 시작한 것이다.

"각하, 종래까지는 소규모 공작 차원의 침투였다면 이제부터는 본격적인 무력남침이 시작될 것 같습니다. 아마 내년 초부터는 대규모로 들어올 것 같습니다."

대통령이 미간을 모은 채 보고서의 해당 문장에 두 줄을 긋고 있었다. 그때 이후락 비서실장이 노크를 하고 들어오더니 다음 스케줄로 누가 기다리는 중이라고 말했다. 박 대통령은 시계를 보면서 깜빡 잊었다는 표정으로 자리에서 일어났다. 강인덕 과장의 보고가 끝난 것이다. 돌아갈 준비를 하려는데 갑자기 박 대통령이 이렇게 말했다.

"아, 강 군. 내가 나가서 만나고 올 테니 여기서 기다리게."

"예, 각하."

대통령 집무실에 홀로 앉아 대통령을 기다리고 있는 일이 벌어졌다. 일개 과장으로서 상상도 못할 일이 벌어진 것이다. 박정희 대통령은 40분쯤 뒤에 돌아왔다. 그는 자리에 앉으며 "강 군, 아까 어디까지 했더라?" 하고 물었다.

"여기까지 했습니다."

"음. 그럼 계속하지."

"예, 그럼 계속하겠습니다."

강인덕 과장의 브리핑이 계속됐다. 마지막 장에서 강인덕 과장은 '인민전쟁이 시작되었음'이란 글자 아래에 푸른색으로 굵은 밑줄을 그어둔 부분에 지시봉을 갖다 대고 있었다. 그 순간 다리를 꼬며 앉아 보고서에 줄을 긋던 박대통령은 다리를 펴고 바로 앉았다. 강 과장의 마지막 설명이 계속 됐다.

"각하, 1년 단위로 분석을 계속해 보니 북한의 침투전략이 바뀌고 있다는 걸 알 수 있습니다. 이제부터는 동계작전이 시작될 것 같습니다. 우리가 가장 안심하고 있을 때 기습할 것이며, 그때라면 정초가 될 것 같습니다. 아마도 내년 정초에 대규모가 들어올 것 같습니다. 주요 목표는 국방부와 국내 주요 시설물이 될 것으로 보입니다. 인민전쟁이 시작됐습니다."

"그런데 정말 올까?"

강인덕 과장의 브리핑이 끝났다. 다른 때 같으면 대통령은 "강 군, 수고했어"라며 자리에서 일어나 악수를 청할 텐데 그날은 달랐다. 대통령은 탁자의 인터폰을 누르더니 "즉시 국방부장관, 각군 참모총장 다 들어오라고 해"라고 지시했다. 그러고는 강인덕 과장에게 자상한 설명을 했다.

"강 군, 여기서 밥 먹어. 오후에 내가 좀 모이라고 했으니까 자네가 다시 한 번 설명하게. 오후 2시쯤 다 모일 거야."

일이 심각하게 돌아가고 있었다. 그날 오후 청와대 대통령 집무실에는 김성은 국방부장관과 육·해·공군참모총장 및 해병대사령관이 대통령을 중앙에 두고 마주 앉았다. 대통령이 강인덕 과장에게 말했다.

"강 군, 다시 시작해."

강인덕 과장은 오전과 같은 브리핑을 한 차례 더 했다. 그의 보고가 끝나자 대통령이 지시를 했다.

"이건 게릴라전이라 중앙정보부의 통제능력을 벗어나는 거야. 그래서 국방부장관은 내가 국방부에 대간첩작전에 관한 모든 권한을 부여할 테니 준비하시오. 조만간 전군 사단장급 이상 지휘관과 기관

때때로 물어보았다. 그때마다 대답은 "아직 이상 징후 없습니다"였다. 정보분석관이 겪게 되는 지옥이었다.

공비들의 투표

1월 초, 124군부대 제6기지의 외곽 막사로 지프차 한 대가 들어왔다. 상부의 명령을 갖고 온 대좌였다. 그는 타격 규모를 축소한다면서 31명으로 줄였다. 이들만 따로 부른 뒤 임무를 청와대 기습작전에만 한정시켰다. 평소 15명의 조원들이 이 훈련을 해 온 터라 나머지 보강된 대원들과 손발만 맞추는 훈련이 계속됐다.

1월 13일. 출동 명령이 하달됐다. 황해도 사리원에서 출발해 1월 17일 야간에 미 제2사단이 경계중인 전방 고랑포 부근의 남방한계선을 넘어 남한 땅으로 진입했다. 이들은 26사단 마크가 부착된 국군복장에 검은색 농구화 차림이었다. 무장으로는 체코제 피피 기관단총을 들고 있었고 각자 자루식수류탄과 대전차수류탄이 비상식량과 함께 담겨진 배낭을 메고 있었다.

이들 31명은 야간산악행군만을 계속하면서 1월 19일 새벽 5시경에는 파주군 천현면 법원리 삼봉산 부근에 도착했다. 이곳엔 남쪽

절벽 아래 덤불이 우거진 곳이 있어 공비들이 나름 쉴만한 공간이 되어 주었다. 영하 10도의 날씨에 움직이지 않고 있는 것도 고통이었다. 오후가 되자 짧은 해가 기울어지기 시작했다. 공비들은 출발 준비를 했다. 그런데 여기서 난데없이 나무를 하러 산으로 올라온 네 명의 나무꾼을 만나게 된다. 우희제(30), 우경제(23), 우철제(21), 우성제(20) 등 우씨 4형제였다.

　당황한 공비들은 이들의 신고를 막기 위해 덤불 쪽으로 몰아붙여 안심시키면서 대화를 나누는 동안 장교들은 동굴 밖으로 나가 어떻게 처리해야 할지를 두고 숙의를 했다. 일부는 처리하자고 했으나 다수가 처리에는 반대했다. 우선 언 땅이 시체매장에 장애가 되고, 한둘도 아닌 네 명이 귀가를 안하면 틀림없이 신고가 들어갈 것이라고 주장했다. 김신조의 증언이다.

　"원칙적으로는 작전 도중 만나는 적군이건 민간인이건 무조건 죽이게 돼 있었습니다. 그런데 그날 대원 중 일부가 '죽이면 오히려 문제가 생기지 않겠냐?'며 반대를 했습니다. 틀린 말도 아니었지요. 투표를 했는데 역시 살려두자는 의견이 많았습니다. 저는 죽이자는 데 손을 들었고요."

　결론은 그들을 돌려보내되 신고를 하지 않도록 회유와 협박을 가하기로 했다. 공비들은 이들이 우(禹)씨 집성촌의 친척관계라는 사실부터 집 주소며 가족 사항들을 자세히 청취했다. 그리고 차고 있던 일제 세이코 손목시계와 롤렉스 등을 풀어주며 선물공세를 취했다. 아울러 "곧 남조선에서는 반란이 일어나고 공산주의가 승리하는 세상이 되니까 그때 우리는 다시 만나게 된다. 그러면 당신네들은 우리가 잘살게 해 줄 수 있으니 잊지 말라"고 다짐해 두었다. 물론 우씨 형제들도 절대 경찰이 신고하지 않겠다고 공비들을 안심시켰다. 공비들은 "만약 비밀을 지키지 않고 경찰에 신고하면 우리 후속부대가 내려와 너희 마을과 가족들을 전부 몰살시켜 버릴 거야"라며 겁을 주었다.

우씨 형제들은 어둠이 짙게 깔리고서야 빈 지게를 맨 채 마을로 돌아올 수 있었다. 집으로 무사히 돌아온 이들은 불안감을 이기면서 법원리 창현 파출소에 신고를 하게 된다. 1월 19일 밤 9시 무렵이었다.

"과장님, 새까맣게 왔습니다."

정보부 사택에서 잠을 청하던 강인덕 과장이 비상전화를 받은 때는 1월 20일 새벽 1시쯤이었다고 기억한다. 받자마자 전화기 저쪽에서 이런 말이 들렸다.

"과장님. 새까맣게 왔습니다."

"어디야?"

"문산입니다."

"몇 명이나 왔어?"

"잘은 모르겠지만 한 30명은 되는 것 같습니다."

"그래, 알았어. 내 나갈게."

번개같이 일어나 옷을 갈아입으면서 강 과장은 '어 살았다. 이놈들 안 들어왔으면 중앙정보부 위신도 말이 아니었을 텐데' 하는 생각을 했다고 한다. 중앙정보부 북한분석국 강인덕 과장의 활약은 이제 제2선으로 물러난다. 군과 경찰의 손으로 넘어간 것이다.

당시 124군부대의 청와대 기습은 군과 경찰의 봉쇄망을 뚫고 1월 21일 오후 8시경 청와대 옆 청운중학교 정문에서 200여 미터 떨어진 지점까지 접근했다. 대한민국의 심장부에 근접하는 순간, 종로경찰서 서장 최규식 총경과 정종수 경사의 희생으로 좌절됐다. 이후 뿔뿔이 흩어진 공비들과 군경간의 치열한 총격전이 벌어졌다. 다음 날인 1월 22일 새벽 3시경 인왕산 근처 민가에 숨어 있던 김신조 소위가 생포됐다.

청와대 인근 지역은 그 후 3일 밤낮으로 총격전이 계속됐다. 1월 22일 날이 밝자 청와대 집무실로 출근한 박정희 대통령은 부근에서 총성이 울리는 와중에도 책상에 앉아 열심히 그림을 그렸다. 훗날 남겨진 이 그림은 '고속도로 공정계획표'로 전국의 도로망을 고속화하겠다는 의지의 증표였다. 향후 북한의 무장공비들이 도처에 침투하더라도 고속도로가 마련되면 신속한 포위망이 가능하리란 계산이었을 것이다.

당시 공비소탕작전은 1월 31일까지 지속됐고 공비 29명 사살, 1명 생포, 1명 도주로 작전이 끝났다. 남한 측 피해자는 군경민을 합쳐 26명이 사망했고 66명이 부상당했다. 사망자 중에는 최규식 총경과 이익수 대령이 포함됐다. 만만찮은 피해였다.

7장
한반도의 초한지(楚漢志)

김일성의 기막힌 응수

1월 22일 오후, 김신조는 기자회견장에서 남파 목적을 묻는 기자에게 "박정희 모가지 따러 왔수다"라고 말해 대한민국의 안팎을 요동치게 만들었다. 국내 여론은 물론이고 미국조차 북한 공습을 하겠다고 나섰다. 한국군 수뇌부는 전군에 비상대기를 발령해 두었고 포병도 전방추진을 해 두었으며 부사관과 장교들은 전원 영내 대기상태에서 출동준비태세로 대기 중이었다. 박정희 대통령은 드디어 북한을 두들길 수 있다며 점심식사 때 "아, 기분 좋다!"고까지 했다. 며칠뒤에는 그해 모든 병사들의 전역이 6개월간 연기됐다.

그런데 김일성은 청와대 습격이 실패할 것을 염두에 둔 듯 기발한 응수를 한다. 1월 22일 오후, 생포된 공비 김신조 소위의 기자회견이 전파를 타자 김일성은 다음 날인 1월 23일 오전, 원산 앞 공해상에 머물면서 극동지역의 전파감시활동을 하던 미 해군 정보수집함 푸에블로호를 납치한 것이다. 당시 북한은 4척의 무장 초계정과 미그 전투기 2대를 발진시켜 기관총 한 정만 거치해 둔 미군의 정보 수집함을 끌고 가 버린 것이다.

김일성은 한국의 박정희가 강력한 반격을 가해 올 것을 예상하고 도리어 미국의 약점을 때려 기선을 빼앗은 결과가 됐다. 베트남전쟁을 치르고 있던 미국으로서는 이제 북한과의 전면전이 아니면 협상해야 하는 입장으로 몰린 것이다. 동맹국인 한국의 반격도 국지전적 성격에 그치는 게 아니라 전면전으로 확전될 수밖에 없고 이렇게 되면 미국으로서는 두 개의 전쟁을 치러야 하는 처지가 된 것이다.

한반도의 초한지

▶ 1월 27일, 박정희 대통령은 김성은 국방부장관과 점심을 하면서 "미국이 과연 베트남전쟁을 치르면서 북한도 때릴 수 있을까?" 하고

궁금해 했다.

▶ 1월 29일, 미국의 백악관 대변인 조지 크리스천은 "푸에블로호 위기를 평화적으로 해결하려는 노력으로 미국이 벌이고 있는 외교 채널은 활발히 움직이고 있다."고 발표했다. 발을 빼기 시작한 것이다. 얻어맞고 분노하는 쪽은 한국이 됐다.

▶ 1월 30일, 아시아의 명절인 구정 아침. 박정희 대통령은 김성은 국방부장관으로부터 지난 새벽에 베트남 전역에서 월맹군과 베트콩의 대규모 기습공격이 시작됐다는 보고를 받았다. 베트남의 구정인 '테트'에 기습전이 시작됐다고 해서 '테트 공세'라 부르게 된 이 작전은 무려 한 달간 지속되면서 베트남전쟁의 한 획을 긋게 된다.

이 기간 중에 미국 내에서 확산되던 반전(反戰)운동과 염전(厭戰) 무드가 언론가와 방송가를 장악하더니 결국 반전여론이 미 행정부의 전쟁수행 의지를 꺾어 버렸다. 국제공산주의 운동사에서는 승리의 축배를 들던 시기로 기록된다. 김일성의 거대한 도박이 승기를 잡은 것처럼 보였다. (1967년 초, 비무장지대 무장도발을 시작으로 무력적화노선을 추진하던 그의 통일전략은 2년 뒤인 1969년 미국의 닉슨 독트린과 주한미군의 단계적 철수를 불러왔다.)

▶ 2월 1일, 대세의 거대한 변화가 시작되던 그 무렵 박정희 대통령은 지금의 서초구 양재동 부근 바위산 앞에서 발파 스위치를 누르

고 있었다. 고속도로를 내기 위해 서울을 둘러싸고 있던 돌산을 깨는 고속도로 기공식에 참석한 것이다. 야당 정치인들이 결사반대 하는 가운데 진행됐다.

한국과 미국에 대한 공세적 전략을 취하던 김일성과 달리 수세적 전략을 구사해 온 박정희는 국내외적으로 위기에 몰린 듯했다. 국내적으로는 동백림 유학생 간첩단 사건의 수사 실패로 국제여론의 악화를 불러왔고 국내의 좌익 종북세력들에게는 정치적 반격의 빌미를 제공하고 있었다. 국제적으로는 1·21사태와 푸에블로호 납치사건에 대한 미 행정부의 대북 유화정책 노선으로 인해 박정희는 더 이상 기댈 곳이 없는 듯 보였다.

당시 강인덕 북한분석국 과장은 예기치 못한 푸에블로호 사건으로 상황이 크게 변화되는 것을 지켜보며 이런 예측을 했다고 한다.

"김일성으로서는 상당히 유리한 고지에 올라선 셈이 됐습니다. 그러니까 앞으로 게릴라전을 더 크게 벌일 것으로 보았지요. 박정희 대통령은 어려움에 몰리게 될 것 같아 걱정이 됐고요."

그러나 박정희는 위기를 기회로 역전시키기 위해 '자주국방노선'을 채택한다. 이 전략은 대미 협상 테이블에서 M-16 소총과 F4D 팬텀기 도입 및 한국군 현대화를 위한 각종 원조를 얻어내는 데 매우 효과적이었다. 아울러 그해 4월 1일, 미국의 별 다른 반대 없이 200

만 규모의 향토 예비군을 창설할 수 있었으며 M-16 도입으로 폐기되는 M1소총과 카빈 소총 100만 정 및 실탄 5,000만 발을 예비군용 무기로서 무상 지원받을 수 있게 됐다. 장군에 멍군, 다시 장군에 멍군으로 응수하는 한반도의 초한지(楚漢志)가 박정희와 김일성 간에 전개되고 있었다.

8장
침투준비

선발

한편, 124군부대에서 강훈을 받던 김익풍 소위는 1월 21일 제6기지의 대원들이 청와대 기습작전을 펼친 것에 대해서는 아는 바가 없었다. 당연히 기밀에 붙여졌기 때문이었다. 다만 "남조선에서 무장혁명이 일어나 청와대 앞을 쑥밭으로 만들었다"는 소식만이 알려졌다. 그러나 김익풍 소위 등 특수부대원들은 감으로 124군부대의 작전임을 어렴풋이 알고 있었다고 한다.

거의 동시에 들려온 소식은 미 해군 정보함 푸에블로호를 자랑스런 인민군 경비함들이 기총사격을 해서 잡아왔다는 승전보였다. 김익풍을 포함한 모든 인민군들의 사기가 충천했다고 한다. 『노동신문』에서는 연일 푸에블로호의 함장과 승무원들의 왜소한 구금 사진을 실어 미군에 대한 북한의 자신감을 고취시켰다.

그해 5월, 124군부대 3지대 장병들은 단체로 평양 시내의 모란봉 극장에서 쇼를 관람하게 된다. 객석 맨 앞자리에는 푸에블로호 승무원들이 죄수복 차림으로 앉아 있었다. 무대에서는 미군을 주인공으로 한 코미디가 연출됐다. 포로 중에는 그 장면을 보고 박장대소하기도 했다.

"우리는 초라하게 앉아 쑈를 즐기는 그런 모습을 보면서 한심스러워 했지. 우리 경비정이 나포한다고 정보함에 탄 놈들이 손들도 잡혀 오는 것도 이해가 안 갔고. 하다 못해 몸으로 달려들던지 자폭을 했어야 하지 않느냐고 우리끼리 이야기하면서 혀를 찼어."

5월 말이 되자 김익풍을 포함한 15명 1개조(소대)가 선발됐다. 소대는 4명 1개 분대로 3개 분대와 무전수 및 소대장과 부소대장으로 편성됐다. 각 분대장은 소위나 중위들이었다. 드디어 남파되는 것이다. 날짜는 미정이었으므로 훈련의 강도는 드세어졌다.

그해 여름, 김익풍 소위는 꼼짝없이 훈련만 반복했다. 오직 1개조 15명만이 선발되어 남파될 줄 알고 있었다. 소대장과 정치부 소대장이 지휘자였다. 북한 전 지역의 군부대에서 엄선해 차출된 장정들이 서로의 출신도 모른 채 첫날부터 강도 높은 훈련을 반복하는 중이었다.

훈련 내용은 283부대에서 하던 것과 크게 다르지 않았지만 실탄 사격과 구보 등이 더 강화되고 있었다. 그렇게 강훈을 하더라도 토요일과 일요일엔 휴식이 보장됐다. 개울에서 빨래를 하거나 까마귀를 총으로 잡으면서 내기를 하거나 했다. 때로는 저수지에 수류탄을 까 던져 가물치를 건져 올리기도 했다.

"일반 부대였다면 자아비판감이었지만 우리는 그 정도 일탈을 아예 허용해 두고 있었어. 어차피 죽을 놈들이었으니까 그렇게 봐 준 걸 거야."

하루하루를 지내면서 조원들끼리 조금씩 자신이 어디 출신이며 무슨 훈련을 해 왔는지 정보가 교환됐다. 소대장 이철수 상위는 정치부 소대장 김익풍과 동갑이었다. 양강도 해산 출신인 그는 불독처럼 생겨 눈썹이 굵고 진했으며 손등에도 털이 많았다. 권투와 레슬링을 잘했던 그는 맞는 순간에도 눈을 감지 않았다. 김익풍과 권투 시합을 해서 비기는 바람에 두 사람이 친해지게 된다.

북한의 리더십은 이들의 문화 속에 잘 드러나 있다. 출신이나 신분적 차별로 상하급자가 정해지는 것이 아니라 솔선수범이 우선이었다. 부하에게 무엇이든 지면 안 된다는 묵계가 있었다. 그런 가운데 소대장과 정치부 소대장은 흔히 친하게 지낸다고 한다.

"소대장과 세포위원은 친해질 수밖에 없었어. 인사고과는 세포위원이 메기고 훈련은 소대장이 시키거든. 세포위원의 훈련이 조금 부족해도 소대장이 좀 봐 주는 거지. 그럼 소대장 인사고과도 세포위원이 좀 봐주는 식인 거야."

항상 소대장과 부소대장 옆을 떠나지 않아야 하는 무전수 김태복 중사는 개성 출신에 까무잡잡하고 매끈하게 생겨 별명이 물뱀이었다. 한눈에 보기에도 꾀돌이처럼 생긴 그는 권투 시합을 하면 KO 펀치를 맞지 않았는데도 나가 자빠지곤 했다. 김익풍 중위는 그런 그를 '머리가 빨리 돌아가는 놈'으로 기억했다 .

당시 15명 가운데 김익풍의 기억에 남는 또 다른 대원 하나는 강원도 출신의 고동운 중사였다. 3분대에 소속된 대원이었는데 처음부터 김익풍 중위는 그가 마음에 걸렸다고 한다.

"고동운은 모든 면에서 좀 희미했어. 사상적인 의심은 아니고, 반응속도가 약간 떨어진다고 해야 하나. 하여간 그랬지. 저걸 다른 놈이랑 바꿀까도 생각했는데, 그렇게 되면 소대 전체가 훈련을 다시해야 했거든. 물론 기본기술은 다 익혔지. 처음 전투가 붙었을 때 국군에게 정확히 사격을 가한 것도 고동운이었어. 나중에 총도 잃어버리고 자수했지만 말이지."

훗날 울진·삼척으로 침투한 김익풍 소대의 고동운 중사는 군 정보기관에서 조사를 받던 중 목을 매고 자살한다. 많은 고민이 있었을 것이다. 이와 관련된 이야기들은 나중으로 미루자.

영광된 자리

124군 부대 제3지대에서 선발조가 훈련을 시작했을 때 모두가 남파 시기를 녹음이 짙어질 6월 이후 늦어도 8월 이전이라고 생각했다. 김익풍도 조만간 내려갈 모양이라고 생각했다. 하지만 명령은 한동안 내려오질 않았다.

훈련을 담당한 지도교관들은 진심 어린 교육을 했다. 살인기술을 가르치지만 그 속에도 삶의 진리가 배어 있었다. 격언처럼 전달하는 경우도 있었다.

"어떤 생각을 행동으로 옮길 때는 반드시 1초만 더 생각하고 행동하라."

"예감을 믿고 직감을 놓치지 말라."

"이상하게 머리카락이 곤두서고 식은땀이 난다면 반드시 멈추고 살펴라. 틀림없이 지뢰 같은 것이 설치돼 있을 것이다."

지도원의 교육을 평생 기억하게 된 김익풍 씨는 이런 이야기를 들려주었다.

"북한에서는 정책적으로 북한 인민을 호도하기 위해 우리 같은 게릴라를 내려 보내는 거 같아. 1·21사태라는 것도 군사적 측면에서 보면 말도 안 되는 작전이거든. 남한에서는 11월만 돼도 산속에 처박혀 포위되면 굶어죽지 않을 수가 없어. 그런데도 겨울에 내려 보낸 건 '봐라 남조선에서 계속 무장혁명 일어나지 않는가'라는 자기네들 주장을 합리화하기 위해서라고 봐. 당장 울진·삼척에 투입시킨 우리도 그런 수단으로 내리 밀어붙인 게 아닌가 말이지. 하지만 우리로서는 그런 차출처럼 영광된 게 없는 거지. 영광된 자리니까 자랑스럽게 나가는 거야."

1·21 사태의 학습 효과 —
"민간인 조우 시 무조건 죽여라"

6월 중순쯤에 대원들을 모아놓고 생환에 성공한 경력자로부터 경험담을 듣는 시간이 있었다. 김익풍 소위를 포함한 모두가 그를 1·21 때 남파됐다가 살아온 영웅으로 소개 받았다. 김신조 소위와 함께 남파됐던 박재경 중위였다.

당시 유일하게 생환했던 박재경 중위는 처음엔 임무 실패에 대한 책임 추궁이 있을까 싶어 숨죽이고 있었다고 한다. 상부에서도 어떤 지시를 내리지 못한 채 대기발령 비슷하게 처리해 놓고 있었다는 것이다.

그런데 김일성의 한 마디로 그는 영웅칭호를 두 개씩이나 받는 '이중 영웅'이 된다. 당시 김일성은 지난 1967년도의 경제실적을 보고받으면서 각 분야의 눈부신 생산성 증대 보고에 고무되어 갑자기 "참 1·21 때 내려갔던 애들 중에 살아온 동무가 있는가?" 하고 물었다고 한다. 작전을 총지휘했던 김정태 정찰국장이 "박재경 중위라고 한 명 있습니다" 하고 대답했다.

그러자 김일성은 즉각 "그 동무레, 영웅이야. 기런 동무레 있으니까 경제도 이렇게 잘 돼는 거야. 그 동무레 특진시켜 주라우!"라고 지시를 내렸다고 한다. 이 소문은 삽시간에 퍼졌다. 그런지 얼마 안 돼 그 '이중 영웅'이 124군부대 제3지대를 방문한 것이다.

그는 자신의 전투경험을 소상하게 털어 놓았다. 무엇을 잘 했고, 무엇을 잘 못했는지에 대한 성공과 실패 사례를 솔직하게 털어놓았다. 머지않아 남파될 대원들에게 같은 실패를 반복하지 않기 위함이었다. 김익풍 소위뿐 아니라 모든 조원들이 그 강의에서 가장 중요한 대목을 머릿속에 새겨 넣고 있었다.

"박재경이는 침투하다 민간인과 조우할 경우 반드시 암살하라고 강조했지. 자기네들이 인정에 약해서 살려주었다가 대원들이 다 죽게 됐다고 말이야. 아주 뼈에 사무치는 반성 같기도 했어.

그때 강연장은 자유로운 분위기에서 열댓 명씩 모여 이야기를 듣고 질문도 하고 했는데, 우리는 그 이야기를 듣다가 불쑥 불쑥 의문이 드는 게 있어서 질문도 하고 토론도 했지. 특히 민간인을 무조건 죽이라고 하는데, 남조선 민간인이라는 게 우리가 해방시켜주어야할 인민들 아닌가. 그런 인민들을 우리가 죽인다면 우리가 반혁명분자가 되는 거 아니냐 하는 모순에 봉착한 거야. 유격전에서 인민은 우리 편이고 어떤 일이 있어도 인민들로부터 인심을 얻어야 살 수 있다고 배웠거든. 모택동도 "우리가 물고기라면 인민은 물이다"라고 했고 말이야. 그런데 이 물을 처단하라니 우리 스스로 답을 찾지 못한 거야.

우리가 아무리 군사훈련을 강도 높게 받았다고 해도 군인이 아닌 민간인, 그것도 남녀노소 불문하고 아무 죄도 없는 인민을 다 죽이라는 데에는 심리적 거부반응이 생기게 되거든. 특히 북한군은 '인민'이라는 말에 약해. 이런 심리적 거부반응이 박재경의 주장을 동의할 수 없게 한 거지. 그래서 이 부분을 집중적으로 캐묻고 우리 스스로 전부 납득할 때까지 박재경으로부터 이야기가 계속됐었어."

박재경의 대답

"물론 동무들 말도 옳고 일리가 있소. 하지만 남조선 인민들은 대개 돈밖에 모르고 타락한 말종들이오. 우리처럼 사상교육을 받지 못해서 살려주면 꽁지 빠지게 달아나서는 남조선 경찰이나 군부대에 신고하고 포상금이나 타 먹으려는 수작만 부리지. 어린애나 노인이나 할 것 없이 전부가 그렇소. 만약 동무들이 인정에 눈멀어 살려주면 나중에 어떻게 되겠나.

우리가 저희들을 해방시키기 위해 목숨 걸고 고생하며 내려갔는데 정작 저희들은 돈에 눈멀어 신고나 하고 우리 동지들을 다 죽음으로 내몰았단 말이오. 보시다시피 내 이 두 눈으로 우리 대원들이 다 죽어 가는 걸 보았으니 하는 말이오. 그러니까 협조자는 살려주되, 비협조자는 반드시 처치하시오."

이런 설명이 있고 나서 모든 조원들이 비로소 납득했다고 한다. 민간인을 죽여도 아무런 죄의식을 느끼지 않고 오히려 민간인에 대한 증오심으로 무장해서 동족에 대해 더욱 잔인해질 수 있게 된 것이다. 그러면서 하나의 원칙이 자연스럽게 세워졌다.

'협조자는 살려주되, 비협조자는 가차없이 칼이나 그 밖의 무성(無聲)무기로 사살 후 매몰할 것.'

'양민학살'이라는 개념이나 표현도 그들의 의식 속에는 더 이상 존재하지 않았다. 이 기준은 누구보다 김익풍 같은 정치부 소대장에게 깊이 새겨졌다. 작전 후 대원들의 당성평가에 반영할 대목이었기 때문이었다. 마찬가지로 대원들은 이 기준에 어긋나서 비판받지 않도록 몸을 사려야 했다. 악랄하게 죽일수록 높은 점수를 얻게 된다는 법칙을 갖게 된 것이다.

당시 박재경 중위는 국군의 추격에 쫓기면서 자신이 누구를 사살했는지 잘 모르고 있었다. 그래서 김익풍 소위를 포함한 조원들에게 자신의 전과(戰果)를 자랑할 줄도 몰랐다. 그러나 실제로는 박재경은 중대한 전쟁범죄를 저질렀다.

그해 1월 22일, 청와대 습격에 실패하고 도피하던 공비 중 한 명을 발견한 국군 제1사단 제15연대 수색대는 추격전을 벌이고 있었다. 수색대의 선두에는 연대장 이익수 대령이 앞장서서 공격 중이었다. 그런데 추격을 당하던 공비가 연발로 쏜 총에 이익수 대령이 전사하고 만다. 이 틈에 공비가 도주할 수 있게 됐고, 이 공비를 쫓던 국군은 끝내 자취를 놓치고 말았다. 공식 기록에도 이익수 대령은 박재경의 총에 맞아 전사한 것으로 되어 있다.

김익풍과 공비들을 교육시켰던 박재경은 그후 124군부대 부대장을 역임했고 김대중 집권시절이던 2000년 9월 11일에는 북한군 총정치국 부총국장이 되어 서울 신라호텔에서 열린 북한의 송이버섯 전달식에 4성 장군 계급장을 단 인민군 정복 차림으로 참석했다. 그리고 청와대 외교안보수석 김하중에게 칠보산 송이버섯을 전달했다. 1968년 당시 박정희 대통령 살해를 목적으로 내려왔다가 이익수 대령을 살해하고 도주했지만 훗날 방한했을 때 이를 문제삼은 한국 언론은 하나도 없었다.

박재경의 특강이 있은 뒤엔 124군부대 대원들에게 강도높은 훈련이 따랐다. 실제로 은거하고 있으면서 수색대가 접근하면 수색대원의 눈을 살피며 계속 숨어 있는 연습을 했다. 민간인과 조우할 경우 무성무기를 이용해 암살하고 시체를 은닉하는 훈련도 포함됐다. 김익풍 소위를 포함한 124군부대원들은 생환 공비들의 생생한 체험담으로 엮어진 강의를 들으면서 점차 자신감으로 충만해졌다. 모두가 자신만은 살아 돌아올 수 있다고 믿게 됐다는 것이다. 죽은 자의 이야기는 쏙 빼 놓고 생환자들의 영웅담만 듣게 되니까 모두 생환할 수 있다는 착각에 빠진 것이다.

"똑같은 전투기술을 함께 훈련받고 배양해도 누구는 칼 던지기에 더 자신이 있고 누구는 사격에 더 자신이 있다고 느끼듯이 다 자신이 믿는 생존기술 한두 개는 있다고 믿는 거지. 그러면서 어떤 일이 있어도 자기는 박재경이나 이재영처럼 살아올 수 있다고 생각하게 끔 됐어. 이게 자신감의 원천이 되는 거야."

9장
작전 개시

여름에서 가을로

여름이 지나고 있었지만 작전명령은 내려오지 않았다. 훈련이 3개월을 넘어서자 약간씩 느슨해져 갔다. 폭파훈련 중에는 냇가에 수류탄을 까 넣고 물고기를 잡아 매운탕을 끓여 먹기도 했고, 순전히 실탄을 소모시킬 목적으로 작은 표적을 정하고 내기 시합을 하기도 했다. 체코제 피피 기관단총의 약점은 사격을 조금하다 보면 총열이 금방 달아오른다는 점이었다. 대원들은 두건을 손바닥에 붕대처럼 감고 총열을 쥐는 요령도 터득했다. 인접 소대에서는 드물게 안전사고로 목숨을 잃는 경우도 있었다. 몇 명이 죽어 나갔지만 어느 누구도 문제삼지 않았다. 모두 작전명령을 내심 기다리며 초조해 하고 있었다. 그렇게 여름이 지나갔다.

봄과 여름은 산 아래서부터 위로 올라가고, 가을과 겨울은 산꼭대기에서부터 아래로 내려온다. 9월로 접어들자 높은 산꼭대기부터 단풍이 하강 중이었다. 올해는 이대로 넘어갈 모양이 아닐까. 겨울 작전은 발자국이 남아 휴전선을 넘나들기 어려울 텐데. 지난 1·21 작전도 겨울작전이어서 실패한 건 아니었을까. 김익풍은 전술행동 차원에서 시기를 가늠해 보았지만 명령은 여전히 내려오지 않은 채 훈련만 반복됐다. 어쩌면 금년에는 남파가 없을 거라고 생각했다. 9월이 가고 10월이 됐다. 정상에서 하강 중이던 단풍이 어느덧 산 전체를 벌겋게 점령했다. 여전히 명령은 없었다.

통보

10월 20일. 지프와 트럭 한 대가 혼희동 제3기지로 들어오더니 간부로 보이는 사내 하나가 두터운 서류철을 들고 내렸다. 한 시간쯤 지난 뒤 제3기지 전 대원 가운데 김익풍 소대 15명이 은밀히 통보를 받게 됐다. 통보받은 사람은 조용히 개인물품을 챙긴 뒤 내무실을 빠져나와 연병장에 대기 중인 트럭 화물칸에 올라탔다. 작별인사고 뭐고가 없었다. 하지만 눈치가 빨라 다들 알고 있었다. 내심 부러워하면서.

이들을 태운 차는 평양역에서 멈췄다. 모두 기차로 옮겨 탔다. 차량 한 칸이 이들을 위해 비워져 있었다. 좌석마다 탁자도 놓인 특실이었다. 발을 탁자 위로 올린 채 멋을 부리는 게 전부였지만 창밖으로 뽐내며 바라보는 즐거움을 만끽하게 했다.

"상부에서는 우리들 기분을 다 맞춰 줬어. 들뜨게 해 줬다고나 할까, 하여간 그랬지."

이들은 강원도 원산역에서 내려 안면군까지 차량으로 이동한 뒤 산 속에 위치한 초대소 비슷한 독립 건물에 수용됐다. 그리고 다음 날 작전임무를 수령했다.

작전임무 수령

"집단임무였어. 15명 1개조에 대한 명령이었지. 작전기간은 1주일. 그때도 우리만 가는 줄 알고 있었다고. 나와 같이 간 이철수 상위가 소대장, 나는 정치부 소대장, 나머지는 하사관들로 모두 전투조원,

그러니까 나머지는 조원이었어. 임무는 침투 후 거점을 확보하고 현지주민들을 교육시키고, 그러다가 고첩과 접선하게 되면 그들로부터 협조를 받고, 현지민 가운데 유망한 인재를 발견하면 대동 월북하든지, 우리쪽에서 재파견하면 접선할 수 있도록 조치를 취하라는 내용이었지."

김익풍의 기억은 후일 자수한 뒤 정보기관이 심문, 정리한 내용보다 흐릿하지만 윤곽은 일치한다. 당시 군 정보기관은 다음과 같은 여덟 가지 임무를 받았다고 구체적으로 기록하고 있다.

1) 지하당(인민혁명당)을 구축할 것
2) 사업담당 부락을 점거하여 해방촌을 구축할 것
3) 군사·정치·경제 등 각종 정보를 수집하라
4) 위조지폐를 이용하여 빈민촌의 양민을 포섭하고 경제혼란을 야기시켜라
5) 변절자는 처단하라
6) 인재를 포섭하여 대동 월북하라
7) 각종 태업 및 유격전을 전개하라
8) 민중봉기를 위한 선전활동을 하라

이런 임무 부여가 가능했던 이유에 대해 김익풍은 다음과 같이 설명했다.

"참 임무도 더럽게 많다고 생각했어. 늦게 내려 보내면서 말이지. 그런데 그때까지 우리는 남조선을 우습게 봤어. 늘상 우리는 남한 사회가 미제 식민지가 돼놔서 인민들이 지주계급으로부터 시달리고 굶주리며 미제 압잡이들로부터 고통받고 있다고 들었거든. 그러니 한시바삐 그들을 해방시켜야 하고, 그들도 우리 같은 해방전사들을 목이 빠지게 기다리고 있다고 귀에 못이 박이도록 들었던 거지.

혹 가다 변절자들을 만나서 일이 꼬이기도 하지만 실제로는 남한 현지에서 협조자가 많이 나올 것으로 본 거야. 너무 쉽게 본 거지. 이건 그해 초 김신조 일당을 내려 보냈다가 실패해 놓고도 한동안 변함없었어. 아마 김신조 일당이 청와대 앞까지 갈 수 있었다는 사실에 크게 감동했는지도 모르지. 쉽게 본 거라. 실제로 고첩들이 그때도 활동하고 접선하고 안내하고 했으니까. 신고해 버린 나무꾼 같은 변절자만 처단하면 문제없이 유격전도 하고 지하당도 만들 수 있을 거라고 본 거야.

재미있는 것은 내가 자수한 뒤 여기서 살다 보니까 여기서도 '북한 주민들이 고통받고 있으니 해방시켜야 하고 그래서 통일을 앞당기자'는 식으로 이야기하고 있더만. 양쪽 정권이 모두 '인민을 해방시키기 위해' 전쟁하러 달려드는 식이야. 문제는 남한 인민들은 해방이 필요 없고, 북한 인민들은 정말 해방이 필요하다는 차이가 있지. 북한 정권이 거짓말하고 남한 정권이 진실을 이야기한 것이겠지. 북한이 그렇게 국경단속을 해도 탈북자가 늘어나는 거 보면 내 판단이 맞을 거야. 월북자는 없어도 말이지."

전투장비 수령

임무 수령과 함께 전투장비도 수령했다. 병기기름 냄새가 짙게 베인 창고문을 열자 너무나 익숙해져 버린 기관단총 피피 15정, 그 옆으로 바나나처럼 휘어진 35발짜리 막대형 탄창과 실탄들이 박스째 쌓여 있었다. 수백발의 수류탄과 대전차수류탄, 자루식 배낭 옆에는 비닐봉투를 채운 미숫가루, 육포 같은 전투식량도 있었다. 각자 알아서 챙기라는 것이나 다름없었다. 한 구석에는 공동장비가 품목별로 나열돼 있었다.

무전기, 다림질을 대충 했다고 할 수밖에 없는 짙은 남색 양복과 흰 와이셔츠 두어 벌. 그리고 넥타이 두어 개도 펼쳐져 있었다. 그 옆에는 남대문이 그려진 500원권 지폐, 세종대왕이 있는 100원권 지폐, 첨성대 그림의 10원권 지폐 다발도 수북하다 싶을 만큼 쌓여 있었다. 일부는 진폐(眞幣)였고 말끔한 것들은 모두 위조지폐였다. 김일성 선집과 평양의 사진이 담긴 전단지와 위조 신분증들도 사용할 공작장비들이었다.

남한 주민들을 선동할 조원들의 배낭 속에 들어갈 위장복들이니 다림질은 무의미했다. 일제 카메라도 낡은 가죽케이스와 같이 놓여 있었다. 한 팀에 한 두 벌의 양복과 카메라 한 대면 충분한 일이었다. 하지만 사람들을 꼬드겨 낼 지폐 다발 같은 '공동장비'들은 조원 모두가 배낭 속에 나눠 넣었다. 적군을 만나면 실탄이 필요하지만 민간인을 만나면 돈이 필요할 것이다.

지도원이 "자, 마음대로 담아 가시오"라고 했다. 이 말에는 전투장비를 아낌없이 지원하니 장비 탓으로 돌리지 말고 부디 살아 돌아오라는 의미였다. 하지만 조원들은 모두 알고 있었다. 마음껏 챙길 수 있는 전투장비도 더 이상 욕심낼 도리가 없다는 사실을. 짊어지고 갈 수 있는 자신의 정량이 어느 정도인지 모두가 체험적으로 알기 때문이었다. 탄창은 개인이 여덟 개 정도를 배낭과 전투조끼 주머니에 끼워 넣었다.

그리고 자신의 화기에 탄창을 하나 채웠다. 모두 300발. 그게 정량이었다. 더 많이 가져가려면 수류탄이든 식량이든 다른 무기를 덜어내야 했다. 원형탄창만 부착하면 영락없는 따발총인 사정거리 200미터의 기관단총 피피는 바나나 탄창만 사용했다. 기동성을 고려한 조치였다. 특히 떼떼(TT) 권총과 구경이 동일한 7.62밀리 실탄을 사용해서 권총탄을 별도로 챙길 필요가 없어 좋았다.

배낭엔 1.7킬로그램의 무게가 나가는 대전차수류탄 8발, 대인수류탄 8발, 전투 식량 15일분을 챙겨 넣었다. 장기 작전이다 보니 무엇보다 식량 무게를 무시할 수 없었다. 단기 작전이라 해도 최소한 사흘분의 압축 식량을 가져가야 적의 추적을 따돌리며 도피 및 은거할 때 사용할 에너지가 된다. 하물며 일주일 동안 남쪽을 휘젓다가 올라오라는 데야.

몇몇 조원들은 사복 차림에 일제 점퍼를 걸쳤다. 그중 일부는 국군 복장을 했는데 옷깃에는 땟국이 흐르는 계급장도 달려 있었다. 역할극을 위한 복장이었다. 겉옷은 달랐지만 속으로는 면과 모가 섞인 합섬계열의 일제 녹색 내의를 지급받아 착용하고 있었다. 모두 왼팔에 금속광택이 나는 손목시계를 차고 있다는 점도 빼 놓을 수 없었다. 이들은 124군부대로 차출됐을 때 김일성으로부터 기념시계를 하사받았다.

제작사는 스위스제 오메가, 롤렉스, 일제 세이코 등 제각각이었지만 시계 그 이상으로 충성과 긍지의 징표가 되었다. 멀리서 보면 민간인과 국군들이 뒤섞인 듯한 모습이었으나 자세히 보면 신발이 방수포로 제작된 검은색 농구화 차림으로 동일했다. 무장을 제외하고도 이 정도의 좋은 의복을 착용하고 시계를 차는 순간, 북한에서 최상류층에 속한다는 자부심이 일었다.

다들 전투조끼 주머니 속에 수류탄과 권총, 단검, 나침반 등을 챙겨 넣었다. 전투조끼는 배낭과 달리 마지막 순간까지 자신의 몸과 함께할 수 있어서 가장 요긴한 생존 필수장비들의 수납처였다.

정치부 소대장 김익풍 소위는 조끼 밖으로 양복 차림에 별도로 1대 50,000 축척의 지도를 여러 장 챙겨 넣었다. 그는 침투지점에서부터 북상해 생환할 수 있는 동해안 지역만 필요했다. 울진·삼척부터 동해안을 따라 휴전선 북방까지 모두 일곱 장의 지도만 투명 테이프로 길게 이어 붙였다. 지도마다 동쪽으로 바다가 거의 절반을 차지했다. 그 밖의 지역은 쓸모없는 짐이었다. 공동장비들은 서로 나눠 챙겼다. 무전기를 배낭에 넣어 공간이 작아진 무전수 김태복 중사 몫의 식량도 조원들의 공동장비가 됐다.

"한 시간 정도 걸렸을 거야. 개인당 장비 무게가 45킬로그램나 됐지. 보통 30킬로그램을 매고 뛰었는데 막상 실전에 들어가니까 배낭이 너무 무거워졌어. 하지만 다른 방도가 없었지."

예행연습

무거운 배낭을 메고 각자 자리를 옮겨 주둔지 부근의 공터로 모였다. 지금부터 부여받은 임무를 분석하고 구체적인 작전을 설계해서 밤낮없이 반복해야 했다. 특히 주민과 조우 시 행동요령을 위해 시나리오를 만들고 연극하듯이 역할극을 반복 연습했다.

"일단 독립가옥을 발견하면 최소 하루 동안 그 집 주위를 둘러싸고 매복해서 감시를 하는 거야. 거기서 이 집안의 대체적인 정보가 수집될 거 아닌가. 가족 구성은 어떻게 되고, 누가 발언권이 센지, 뭘 해먹고 살며, 특히 우리에게 협조적으로 나올 사람과 적대적으로 나올 사람을 대충 파악하고 몇 시부터 몇 시 사이에 외지인들이 많이 드나드는지도 살펴야 했지. 상대해야 할 사람들이 많을 경우엔 공작조가 열 명으로 불어나기도 했고 적을 때는 다섯 명으로 줄어들기도 했어. 공작이 시작되면 반드시 5명 이상은 경계조로 숨어서 주변을 경계하고, 열 명 이하의 조원들이 임무를 나눠 수행하는 방식이었어. 숨어서 경계하는 조원들은 철수할 때까지 숨어서 우리 쪽 인원수가 얼마인지 끝까지 모르게 해야만 했지. 신고할 경우를 대비해서 말이야.

공작 시작 시점은 외부인들이 접촉하지 못하는 시각을 택했어. 그러니까 새벽이거나 늦은 밤이어야 했지. 뭐, 이런 유격전에서는 낮엔 자고 밤에 활동하는 우리들로서는 더 없이 편한 시간이기도 하고 말이야.

일단 주민들을 놀래지 않게 접근해서 우리의 요구를 알리는 작업으로, 신사복 차림의 조원이 관청 공무원 행세를 하고. 혼자서는 다니지 않을 테니 그 옆으로 네 명을 붙이는 거야. 개중 한 명은 사진기를 메고 여기저기를 찍어가면서 조사하는 척하는 거지. 준비한 대사에는 이런 게 기억나는데…….

"삼척 군수도 우리 노동당원인데, 선생 가족들도 노동당에 가입해야 앞으로 편하게 먹고 살 텐데……."

그러면 옆에서 기록하는 척하는 조원이 받쳐주는 거야.

"삼척 경찰서장이 먼저 입당했지요. 그러고서 군수가 입당하도록 애를 썼다고 나중에 포상도 많이 받았다고 합니다."

"당신네들은 여기서 사진 찍고 우리가 평양으로 무전을 쳐서 입당 승낙을 받으면 이제부터 노동당원이 된다. 우리하고 같이 갈 사람은 같이 올라가자. 거기서 관광도 하고 잘 먹고 놀며 지내다가 몇 달 뒤에 다 같이 내려오면 얼마나 좋겠는가."

이런 대화가 오가면서 가져간 위조지폐를 다발째로 주며 환심 사는 공작연습도 했어. 위조지폐라는 말은 하지 말고, 반드시 시내에 나가 헌 돈과 바꿔 사용하라고 일러주는 게 요점이었지. 그 돈이 돌아야 남한 경제가 혼란에 빠지니까. 김일성 저작집, 평양 시가지 전단 같은 것도 활용할 수 있도록 했고.

그리고 사람들을 벽 한쪽으로 몰아서 증명사진 찍듯이 하는 거야. 필름도 없지만 우리의 지시대로 몸을 따라 움직이기 시작하면 생각도 금방 따라오게 되거든.

허구한 날 전투훈련만 했는데도 이런 공작을 준비하는 데 그리 어려움은 없었어. 다들 남파 목적으로 훈련을 받은 데다가 이남화(以南化) 교육도 종종 받았고 고첩들과 접선하는 훈련도 많이 받아왔으니까. 그런데 우리가 연습하는 걸 지켜보던 지도원이 변절자가 생겼을 경우도 가정해서 훈련하라고 강조하더만. 날이 선 단도로 변절자를 소리 없이 죽이는 훈련도 몇 번씩 했어."

일계급 특진

강원도 안면군에서의 임무 수령과 예행연습은 열흘 이상 계속됐다. 명령을 수령한 다음부터는 조원들끼리는 친형제보다 더 가까운 사이가 됐다. 서로의 성격과 특징, 고향과 성장과정도 알게 됐다.

10월 27일 오전, 정복 차림의 집합명령을 받은 15명은 평양행 열차에 올랐다. 평양 옥류관으로 간다는 말과 정찰국장과의 만찬이 있을 거란 이야기가 있었다. 민족보위성 정찰국장 김정태 대장을 만나러 가는 것이다.

평양의 옥류관에 나타난 정복 차림의 김정태는 열 개도 넘는 훈장을 좌우 가슴에 달고 있었다. 둥근 얼굴에 훈훈한 인상이었다. 그날 김정태를 처음이자 마지막으로 보게 되는 조원 15명은 자신들이 김정태는 물론이고 고향도 두 번 다시 볼 수 없다는 생각을 결코 하지 않았다고 한다. 모두가 사기충천해 있었다는 이야기다.

그들은 김정태 정찰총국장의 일면만을 기억하게 된다. 그들의 뇌리 속에 입력된 김정태란 사람은 호탕하면서도 부하들의 실수를 감싸주는 더 없이 넉넉하고 푸근한 유격전 부대장이었다. 옥류관 만찬장에서 김정태는 조원들에게 직접 술을 따라주며 농담을 건넸다. 순서가 뒤로 갈수록 농담을 받아치는 조원들의 도가 선을 넘었지만 아무도 제지하거나 만류하지 않았다. 김정태 정찰국장을 비롯한 그 참모들은 열다섯 조원들의 기분을 최대한 맞춰 주려 애썼다.

누구도 살아올 수 없다는 걸 측은하게 여긴 탓이었을 것이다. 이날 모든 조원들은 장교가 됐다. 중사나 상사였던 조원들은 소위가 됐으며 기존의 장교들은 일계급 특진됐다. 김익풍 소위는 중위가 됐다. 소대장인 상위는 대위계급을 달게 됐다. 이 계급은 국군복장에도 그대로 적용됐다. 전투를 시작하기도 전에 특진이 됐으니 기분 또한 좋을 수밖에 없었다.

"나도 그때까지 김정태를 좋게만 생각했지. 작전계획을 수립하는 내 입장에서는 남파에 적합한 달이 6월부터 9월 사이라고 봤어. 그때 했다면 최소한 한두 명 정도는 살아왔을 거라. 이런 유격전은 100명 중 5명만 살아와도, 그러니까 5퍼센트만 생환해도 대성공이거든. 대성공이라 해도 결국 95퍼센트는 전부 죽는다고 봐야지. 나도 그런 생각을 하고 있었지만 그 당시엔 내가 살아 돌아올 1퍼센트에 반드시 포함된다고 생각했으니까. 자긍심이 부풀어 있어서 '뭐 이 까짓 것 하나 못하나.' 싶었던 거야. 체력을 보나 사격실력을 보나 자신 만만했는데, 나뿐 아니라 조원 전체가 그런 생각들을 하고 있었으니까 다들 자신만만했던 거지."

다음날 아침, 강원도 원산행 열차에 이들이 다시 올랐을 때 숙취에서 깨어난 조원은 한 명도 없었다. 열차가 밤이 돼서야 원산역에 도착했지만 대부분은 한 번도 깨지 않은 채 곯아떨어져 있었다고 한다. 이들은 안면군 초대소에서 연 이틀 동안 휴식을 취했다. 1968년 11월 2일, 출동 명령이 떨어졌다.

2부

인민전쟁의 시작

1장
바다에서

해상 안내 기지 1968년 11월 2일 16시

해가 서쪽으로 완전히 기울던 무렵, 원산항의 '해상 안내기지' 대기소 앞으로 두 대의 소련제 카스토바 트럭이 멈춰 섰다. 화물칸 천막이 걷히면서 작업모 차림의 완전무장 병력들이 후두둑 뛰어내리더니 대기소 건물로 들어갔다.

현대식으로 지어진 대기소는 내부 시설도 최신식이었다. 조원들은 총과 배낭을 맨 채 일층 식당으로 모였다. 탁자를 이어 붙여 식탁보까지 덮은 긴 테이블 위엔 이미 푸짐한 저녁식사가 차려져 있었다. 각자가 벽 쪽으로 배낭과 장비를 내려놓은 뒤 마지막 만찬을 들었다.

술은 제공되지 않았다. 먼 길을 떠나는 자동차에 주유를 하듯이 다들 고기와 쌀밥을 한껏 먹어치웠다. 모두 별 말이 없었다. 식사를 마친 조원들부터 주방 쪽으로 걸어가 수통에 물을 채웠다. 온수에 토종꿀을 타 놓은 물이었다. 수통을 채운 다음엔 자신의 장비와 배낭을 메고 서서히 걸어 나갔다.

조원들을 처음부터 끝까지 지도해 준 늙은 교관도 따라 나왔다. 조원들과는 별 말을 하지 않은 채 담배를 피워 물었다. 그는 자주 손목시계를 들여다보았다. 대부분의 조원들도 기울어지는 해를 보며 담배를 태웠다. 그림자가 길어지고 있었고 조원들의 긴장감도 덩달아 높아지고 있었다. 김익풍 중위도 흡연 중에 자신이 타고 갈 선박을 찾아보았다.

크고 작은 경비정들과 순시선들이 정박해 있었고 그 너머 도크 쪽에는 잠수함대가 정박해 있었다. 그런데 잠수함대 사이로 이제 막 입항 중인 어선 한 척이 보였다. 잠수함과 고기잡이배는 나란히 정박하지 않는다. 틀림없이 저 선박이라고 생각했다. 김 중위의 짐작은 사실로 드러났다.

교관 요원이 연거푸 세 대째 피우던 담배를 발로 비벼 끄고는 외쳤다.

"자, 동지들. 배가 들어왔소. 갑시다."

출항 1968월 11월 2일 17시

늙은 교관은 조원들을 이끌고 상어급 잠수함 옆에 정박한 비슷한 크기의 어선으로 이동했다. 그물을 대충 덮어 둔 갑판 위를 자세히 보니 선수에는 중기관총이 설치돼 있었고 선미에는 무반동포가 있었다. 게다가 대형 선풍기 같은 프로펠러가 후방을 향해 붙어 있었다. 갑판 바닥에 방수포로 덮인 물체는 고무보트였다. 가까이서 보니 어선이라고 보기에는 조금 이상한 모양이었다.

조원들은 어선이 정박한 선착장에서 일렬로 섰다. 교관 요원과 작별인사를 할 순간이었다. 60이 넘어 보이는 늙은 교관은 작별을 위한 짧은 인사말을 했다.

"동무들. 동무들이 가면 다 살아서 오는 건 아니오. 하지만 반드시 살아 돌아오기요. 건투를 빌겠소."

조원들은 늙은 교관의 목소리가 평소와 달랐음을 느꼈다. 타인에게는 절대 드러내지 않고 오직 자신의 혈육에게만 보여 주는 속살처럼 노병(老兵)의 음성은 여리고 촉촉했다. 수많은 죽음을 목도했을 그의 눈가에도 물기가 차올랐다.

그는 재빨리 손가락으로 눈가를 훔친 뒤 한 명씩 악수를 나누었다. 그리고 끌어당겨 가슴으로 세게 안아 본 다음, 등을 토닥거려 주곤 했다. 바로 이 순간에 비로소 조원들은 현실감을 느낄 수 있었다. 굳은 악수와 포옹을 나누면서 잠시나마 조용한 눈물바다를 출렁이게 했다. 몇몇이 억지로 울음을 참느라 꺼억꺼억 하는 소리가 도크를 때리는 파도 소리에 뒤섞였다.

출정식장이 이처럼 초상집이 되어 비장함과 침통함으로 마무리된다는 사실을 아는 사람은 몇이나 될까. 눈물과 함께 엄습하는 현실감은 졸지에 선착장에 도열한 게릴라 전사들에게 죽음의 공포를 쏟아 붓고 있었다. 이들의 훈련된 무의식은 심리적 방어기제를 작동시켰다. 모두 「적기가(赤旗歌)」의 노랫말을 읊조린 것이다.

민중의 기 붉은 기는 전사의 시체를 싼다
시체가 식어 굳기 전에 혈조는 깃발을 물들인다…….

「적기가」는 언제 불러도 싸늘한 주검을 떠올리게 만들었다. 부를수록 불 속으로 뛰어드는 불나방들을 위한 장송곡 같았다. 김익풍 중위는 그런 생각을 단 한 번도 입 밖으로 꺼내지 않았지만, 출정식에서 그 혼자만이 불길함을 느꼈을 뿐이었다. 그것도 잠시, 소대장의 명령이 이 우울한 상황의 막을 내려버렸다.

"자, 동무들! 모두 승선!"

정박한 어선으로 줄지어 올랐다. 어부처럼 복장을 갖춘 예닐곱 명의 승조원들이 경례를 하며 안내했다. 작전국 소속의 요원들이었다. 모두들 갑판 위에서 움직이려 하지 않았다. 닻줄을 감아 올린 통통거리는 배가 항구를 서서히 빠져나갔다. 늙은 교관을 향해 모두가 손을 흔들었다. 교관도 손을 흔들어 주었다. 서산으로 물드는 노을이 핏빛으로 번지고 있었다.

원산항이 거의 보이지 않을 무렵이 돼서야 이철수 소대장이 채근했다.

"자, 다들 들어갑시다."

선창 바닥으로 들어설 무렵 선실에서 갑판으로 올라오던 선장과 마주쳤다. 김익풍 중위는 낯이 익었다. 알고 보니 고향에서 함께 자랐던 친구였다. 서로 반갑게 인사했다. 그리고 선실로 들어섰다.

갑판 아래로 놓인 사다리를 딛고 내려서는 순간 김익풍과 조원들 모두는 충격을 받았다. 선실엔 이미 다른 부두에서 승선한 또 다른 15명의 유격조가 타고 있었던 것이다. 김익풍의 회상.

"난 그때 깜짝 놀랐지. 한 번도 우리 말고 다른 조도 참가하는 작전이라는 소릴 듣지 못했거든. 그런데 누런 조명등 아래로 열다섯 놈들이 두 줄로 웅크리고 있더란 말이지. 혼자 골똘히 생각해 보았어. 우리보다 앞서 내려갔던 김신조 팀이 31명이었으니까 거기와 비슷하게 화력을 맞추기 위해서인가 하고.

그렇다면 애초 훈련할 때부터 30명 1개조로 훈련을 했어야 했는데 그것도 아니야. 그래서 상륙만 같이 하고 별개 작전으로 움직이는 모양이라고 생각할 수밖에 없었던 거야. 그 자리에서는 서로 묻지도 않을 뿐더러, 그런 비밀사항을 묻는 놈이 더 이상하게 여겨질 수밖에 없거든. 우린 말 한마디 없이 캄캄한 선창 바닥에 쪼그려 앉아 있을 수밖에 없었지."

김익풍이 모르고 있었던 사실은 남침 규모가 8개조 120명이란 점 말고도 당일 원산항에서 그들을 태운 배와 꼭같은 규모의 다른 배 한 척도 남침 중이란 사실이었다. 그러니까 이날 밤, 원산항에서는 30명씩 공비를 태운 두 대의 간첩선이 남쪽으로 항진 중이었던 것이다.

"캄캄한 밤에 내가 탄 배와 뚝 떨어져 갔으니 내가 알 수가 있었겠나. 나중에 자수한 뒤 심문받으면서 같이 내려왔다는 걸 알았지."

두 척의 간첩선은 간격을 두고 잔잔한 밤바다를 갈랐다. 보름에 가까워 부풀어 오른 달이 창공에 걸린 채 푸른빛을 쏟아 부었다. 김익풍은 종종 갑판 위로 올라왔다. 원래 금지돼 있었지만 배를 모는 선장과 고향에서 이미 알던 사이였던 것이 주효했다. 김익풍은 그날 밤 바다위로 쏟아지던 그 절절한 달빛을 잊지 못한다.

"날씨가 그렇게 좋았어. 보름을 얼마 안 남긴 상현달이 환하게 비추던 바다에 별도 총총했고 바람도 잔잔했지. 날씨도 경치도 그만이었어."

선장은 김익풍 중위에게 배의 성능에 대해 자랑스럽게 설명해 주었다고 한다. 겉모습은 남한 어선과 같은 모양이지만 앞뒤로 기관포를 천막 속에 감춰 두었고, 후미의 선풍기 같은 프로펠러는 도주할 때 사용하게 될 장비라고 했다. 경비정을 따돌리기에 충분한 마력의 엔진도 쌍으로 구비돼 있는데다가 지금 가고 있는 곳은 공작선이 하도 들락거려서 아무 일도 벌어지지 않을 거라고도 했다.

게다가 남조선 해군들은 '눈 뜬 장님'이라고도 했다. 김익풍이 보기에도 선장의 표정엔 여유가 넘쳐 흘렀다.

"엊그제도 들어갔다 왔는데 뭐."

선장이 자랑하듯 흘린 말을 곰씹어 보면 두 개 팀만이 아니고 더 많은 팀이 투입됐을 거라는 생각이 들었다. 김익풍 중위는 뭔가 잘못돼 간다는 느낌을 받았다. 그리고 속으로 빌었다. 제발 들어가다 국군의 경계망에 걸려 주기를.

"여러 팀이 들어갔다는 건 그만큼 들킬 확률이 높다는 거지. 그러면 처음부터 임무고 뭐고 쫓기면서 북상해야 해. 이게 얼마나 어렵 겠어. 그럴 바에야 아예 들어가기 전에 들켜서 다시 돌아가면 좋잖 아."

30명씩 공비를 태운 두 대의 간첩선은 원산에서 45도 동남향으로 항진하다가 수평선 상에 남한의 오징어잡이배들이 켜 놓은 불빛 너 머로 울릉도 등대 빛을 발견하면 우현으로 90도 틀었다. 그리고 직 선 항진하면 울진·삼척 부근의 침투 목표지점인 고포리 해안이다. 경상북도와 강원도의 경계선이었고 해안경계도 이 경계선을 기점으 로 담당 부대가 갈렸다. 고포리 해안 북쪽은 1군 지역으로 38사단이 경계를 맡고 있었고, 남으로는 2군 소속의 제36사단이 담당하고 있 었다. 특히 2군 지역은 해안초소도 없었다.

그날 밤, 김익풍의 소원이 이루어 질 순간도 있었다. 밤 8시 35분 경, 한국 해군 613함이 죽변 동방 24킬로미터 지점에서 괴선박 2척 을 레이더로 포착했다. 하지만 공작선 선장은 접근해 오는 한국 해 군 경비정의 출몰을 여유 있게 대했다. 김익풍 중위가 보는 앞에서 "저 새끼들 또 만났네"라며 귀찮은 투로 말했다. 가만 보니 경비정은 500미터 정도 앞에서 더 이상 다가오지 않은 채 정지해 버렸다. 밤 바다에서 적함을 마주한 김익풍 중위는 참으로 희한한 장면이었다 고 기억한다.

"겁을 먹었나? 하여간 우리 쪽으로 다가오질 않더라고. 그러는 사이에 우리는 속도를 높여 달아났지. 달아났다기보다 목표를 향해 제 갈 길을 계속 갔다는 표현이 옳을 거지만."

　기록에 의하면 당시 한국 해군 함정은 공군에 괴선박을 발견하고 지원요청을 했다고 나와 있다. 공군이 쌍발 프로펠러 항공기 C-46을 띄워 현장 해역에 도착했을 때는 괴선박들이 이미 종적을 감춰버린 뒤였다. 공군이 수색작전을 포기하자 해군도 추적을 포기하고 말았다. 김익풍이 보기에 이런 일들이 종종 벌어지는 모양이었다. 게릴라들을 태운 모선은 목표지점을 향해 거침없이 전속 항진했다.

해상침투 1968년 11월 2일 21시

달빛이 육지 쪽으로 사위어가자 바다위로 먹물 같은 어둠이 안개와 함께 피어올랐다. 모선의 엔진이 정지했다. 갑자기 뱃전에 부딪치는 물결 소리만 적막 속으로 퍼졌다. 닻 내리는 소리가 선실로 들려왔다. 조원들의 총을 쥔 손에 힘이 들어갔다. 남방한계선으로 들어오면서부터 조명등도 꺼버려 깜깜한 선실에서는 보이는 게 하나도 없었지만 모두가 청각을 통해 밖을 내다보는 듯했다. 물결이 뱃전에 부딪힐 때마다 터지는 포말 소리만 제외하면 바람조차 잠자는 고요의 바다였다.

잠시 후 선창을 두드리는 소리가 들렸다. 하선 준비! 신호를 받은 공비들이 소리 죽여 갑판으로 올라왔다. 1킬로미터 전방에 가로등이 옆줄로 드문드문 켜져 있어 도로가 있는 육지임을 알 수 있었다. 가끔 라이트를 켠 자동차도 지나갔다. 작전국 소속 안내조원들이 배양 옆에서 검은 고무보트를 하선시키는 중이었다. 보트 뒤에 모터가 장착돼 있었다. 익숙한 솜씨였다. 이윽고 30명의 공비들은 양편으로 갈라져 모선에 바짝 붙여진 고무보트로 올랐다. 후미에 엔진이 달려 있었다.

15인승 고무보트에 중무장 병력 15명과 안내조 두 명이 올라탔다. 모터 소리가 웅웅거리면서 보트가 출발했다. 승선 인원이 많았지만 선수가 약간 들리면서 앞으로 나아가기 시작했다. 파도도 잔잔하니 저수지에서 해상침투훈련을 하던 때와 별반 다를 게 없었다. 모두 어둠 속에서 고무보트에 납작 엎드린 채 전방을 주시하기를 20여 분. 육지가 가까워 옴에 따라 모터 회전수를 낮춰 소리를 잦아들게 했다. 대신 바위에 부딪히는 파도 소리가 점점 커져갔다. 최저단으로 모터를 돌리면서 접근해 갔다. 하얀 포말이 밤바다에서도 선명하게 보였다.

불과 200여 미터 앞으로 높이 약 30~40미터 정도의 경사 급한 단애(斷崖)가 병풍처럼 서 있고 그 가운데 국군이 지키는 초소가 툭 불거져 나와 있었다. 초소는 손을 잡으면 충분히 오를 만큼 울퉁불퉁한 바위 절벽 중간쯤에 5평 크기의 벽돌 상자나 다름없는 시멘트 가건물로 세워져 있었다. 조명등은 보이지 않았다. 오늘의 상륙지점, 강원도 삼척군 원덕읍 월천리 고포였다.

고포는 강원도 월천리 고포와 경상북도 나곡리 고포로 한 지명 속

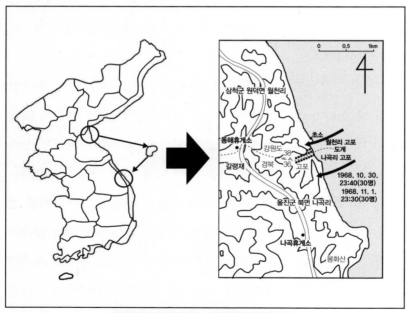

무장공비 이동경로＋무장공비 상륙경로

에 두 개의 행정구역이 들어선 곳이다.

고포마을 가운데를 흐르는 개천을 중심으로 북으로는 강원도, 남으로는 경상북도가 들어선 도계(道界) 지역이었다. 한 마을에 거주하는 이웃끼리 강원도민과 경북도민으로 나뉘는 바람에 행정적으로나 군사적으로나 사각지점이었다. 그날 공비들이 상륙지점으로 결정한 곳은 이곳의 해안초소, 바로 이 월천리 고포 해안초소였다.

문무립 일병 1968년 11월 2일 21시 20분

월천리 고포 해안초소는 고포 중심의 개천에서 북쪽에 위치해 강원도에 속했다. 군사적으로는 제5관구 1군단 38사단 예하 115연대 1대대 1중대의 제3초소로 해안초소 중 최후방에 위치한 곳이었다.

반면, 실개천 남쪽의 고포 해안은 '경상북도 나곡리 고포'로서 이지역 경계는 제6관구 2군단 36사단이 맡고 있었지만 해안초소는 전무했다. 훗날 밝혀지지만 김익풍 중위를 포함한 60명의 공비가 상륙하기 며칠 전인 10월 30일과 11월 1일, 공비들은 바로 나곡리 고포로 30명씩 총 60명이 상륙침투에 내륙으로 잠입해 버렸다. 하지만 11월 2일 밤까지 아무도 이 사실을 아는 사람이 없었다. 김익풍 중위와 함께 상륙침투한 60명은 앞서 침투한 공비들보다 불과 1~2킬로미터 북쪽 지점인 고포 해안초소를 끼고 상륙 중이었다.

고포 해안초소가 동해안 최후방 해안초소라는 걸 잘 아는 한국군 병사들은 바다를 향해 긴장한 적이 단 한 번도 없었다. 그들은 바다와 정반대 쪽인 육지를 향해 늘 긴장하고 경계했다. 그들이 두려워한 것은 해상침투 간첩이나 무장공비가 아니라 주번사관이나 당직사령의 불시 순찰이었다.

그날 문무림 일병은 홀로 근무를 서는 중이었다. 총 6명이 주둔하던 고포 해안초소에서 근무는 복초(複哨)가 원칙이었지만 함께 근무조로 편성됐던 고참 김복수 일병은 내무반에서 자고 있었다. 불과 두 달 사이의 고참이지만 문 일병은 고참의 횡포에 꼼짝을 못했다. 분대원들의 군기를 잡고 근무태만을 감독해야 할 분대장 김남출 하사는 나머지 세 명의 병사들을 데리고 초저녁부터 이웃마을의 가게로 술 마시러 가고 없었다. 제대를 며칠 앞 둔 말년병장의 환송 회식이 이유였다.

회식에서 제외된 채 홀로 보초를 서던 문 일병은 자신의 불운(不運)을 한탄하던 중에 머리끝이 곤두서는 상황과 마주하게 된다. 전방 200미터 해상에서 검은 물체들이 해안으로 접근하고 있었던 것이다. 저절로 두 눈의 동공이 확대됐다. 분명 두 대의 고무보트 같았다. 보트의 뱃전에서 흰 물거품이 주기적으로 일어나고 있는 걸로 보아 해안으로 접근 중이었다.

다른 데를 둘러보다 약 100미터 측방으로 또 다른 두 대가 보였다. 도합 네 대의 고무보트가 시커먼 그림자들을 잔뜩 싣고서 자기 혼자만 있는 초소를 향해 다가오는 것이다. 그들 뒤편으로 어선 같은 두 대의 선박 같은 형체가 가물거리지고 있었다. 문 일병은 그들이 누구인지, 목적은 무엇인지 판단할 수가 없었다. 괴선박 발견시의 긴급조치 순서도 기억나지 않았다. 이미 공포가 그의 이성을 사로잡았기 때문이었다.

그는 자신을 죽이러 수십 명이 다가온다고 느꼈다. 이성적 사고가 정지돼 버린 채 죽음의 공포를 너무 일찍 맛 본 문 일병의 신체는 일단 살고 보자는 생존본능을 작동시켰다. 그의 몸은 사시나무처럼 떨렸다. 감당할 수 없는 두려움이 욕설을 토해내게 했다. 문 일병은 이빨이 덜덜 부딪히는 것도 모른 채 엉금엉금 기다시피 초소를 빠져나갔다. 무조건 살아야겠다는 생각이 우선이었다.

이웃마을 가게에서는 네 명의 군인들이 탁주를 담은 주전자에 젓가락을 두드리며 유행가를 흐드러지게 부르던 시각이었다.

해안을 향한 조류의 영향으로 보트는 쑥쑥 나아갔다. 저단으로 회전하던 모터 소리가 낮아지다가 멈췄다. 안내원들이 바다 속으로 들어갔다. 허리에 오는 수심이었다.

"동무들은 아직 내리지 마시오. 발이 젖으면 안 되니 끼니."

그들은 유격조원들을 위해 자신들만의 힘으로 물속에서 보트를 밀어 붙이는 중이었다. 선두에서 안내원 하나가 보트에 연결된 로프를 어깨에 걸고 당겼다. 잠시 후 보트 바닥에 자갈 맞닿는 소리가 났다. 도착한 것이다.

2장
남조선 땅으로

상륙 1968년 11월 2일 21시 40분

안내원 중 한 명이 길잡이로 나서 해안가 절벽으로 몸을 붙였다. 나머지 안내원들은 보트를 해안가에 붙잡아 두고 있었다. 30명 2개 팀은 길잡이의 등 뒤로 일렬종대를 이룬 채 해안가 절벽에 몸을 숨겼다. 달이 육지 너머로 기울어지는 동안 세상은 어둠의 바다로 잠겼지만 바위는 여전히 주변보다 밝아서 명암을 고스란히 드러내고 있었다. 모두들 바위의 요철 부분이 만들어내는 그림자 속으로 숨어들었다. 30명의 공비들은 한 마리 긴 뱀처럼 꿈틀거리는 생명체로 변했다.

그들은 고포 해안의 바위능선을 감고 돌며 절벽을 기어올라 뭍으로 가는 길목을 더듬어 나아갔다. 잠시 후 선두에서부터 수신호가 왔다.

'전방 10미터에 초소!'

고포 해안초소였다. 수신호가 앞줄에서 뒤로 전달되고 있었지만 이들 외에는 누구도 볼 수 없었다. 김익풍 중위를 포함한 모두가 침묵보행으로 이동했다.

뱀의 꼬리에 있던 김익풍 중위는 뱀의 몸통이 초소 곁을 무사히 지나는 걸 확인했다. 자신도 그 뒤를 따라 올랐다. 초소는 텅 비어 있었다. 국군들이 한심하게 여겨졌다. 검은 뱀은 구불거리는 바윗길을 올라 풀밭을 가로지른 뒤 국도(國道) 앞에서 잠시 멈췄다. 대열을 횡대로 갖췄다. 국도의 좌우 양끝은 휘어져 있어 멀리 살펴볼 수 없었다.

대신, 청각을 통해 접근하는 차량을 감지했다. 바람소리와 귀뚜라미 소리만 남게 됐을 때 이동 신호가 왔다. 일제히 도로를 가로지르며 달렸다. 농구화의 고무바닥이 발자국 소리를 더 작게 만들어주는 듯했다. 이윽고 가을 밤 야산의 어둠속으로 모두 빨려 들어갔다. 길잡이 안내원만은 그 자리에 선 채로 손을 흔들더니 유유히 오던 길로 돌아갔다.

김익풍 중위는 조원들이 무사한지 점검한 후 주변 지형이 지도로 숙지해 둔 내용과 맞아 떨어지는지 확인했다. 모든 것이 순조로웠다. 이제부터 급속행군이다. 모두 계획한 침투로를 따라 산길을 달려야 한다. 같은 배를 타고 온 다른 조들 역시 그들의 침투계획대로 방향을 틀었다. 헤어지는 것이다. 약속한 것도 없었는데, 몇몇은 나지막이 인사말을 했다.

"평양에서 만나자!"

"평양에서!"

긴 뱀이 갈라져 두 마리가 됐다. 잠시 후 그 자리엔 바람만 스치고 있었다.

같은 시각, 구부러진 국도의 모퉁이를 돌아서면 다시 나타나는 개활지에서도 꼭 같은 장면이 펼쳐지고 있었다. 또 다른 30명 2개조의 공비들이 절벽을 기어올라 국도를 횡단 중이었다. 그곳의 길잡이 안내원도 뒤돌아 홀로 해안가를 향하고 있었다. 그는 잠시 후 가벼워진 고무보트를 몰고 모선으로 돌아갈 것이다.

허위보고 1968년 11월 2일 22시 20분

바로 그 무렵 초소에서는 어떤 일이 벌어지고 있었을까. 문무림 일병이 훗날 군 수사기관에 진술한 내용을 보면, 네 대의 고무보트가 접근하기에 겁이 나서 초소를 이탈해 선임자를 찾으러 다녔다는 것이다. 술에 취한 분대장 김남출 하사는 겁에 질린 채 뛰어 들어온 문 일병이 횡설수설하는 바람에 시간을 지체했으며, 얼마 뒤 대강의 이야기를 전해 듣고 허겁지겁 초소로 달려갔으나 이미 아무런 흔적도 발견할 수 없었다고 한다.

김 하사는 문 일병을 다그쳐서 사실 여부를 재차 확인했으며, 그러고는 대책 없이 81밀리 박격포로 조명탄 세 발과 고폭탄 여덟 발을 바다 쪽으로 발사했다고 한다(이들이 발사한 포탄 종류와 발수는 다음날 군수사기관의 현장검증에서 사실로 밝혀졌다). 이후 김 하사는 소대장 이석훈 소위에게 유선전화로 "무장공비를 태운 괴선박을 발견해 격퇴했다"는 식으로 허위보고를 했다.

이석훈 소위는 꼴통 분대장과 병사들의 술 취한 난동쯤으로 여겼다. 중대장에게 보고했으나 중대장도 그렇게 생각했다. 그리고 더 이상 상부로 보고는 올라가지 않았다. 중대장과 소대장은 상부에서 전과(戰果)를 만들지 못한 자신들에게 책임을 물을 게 뻔하다고 봤다. 이래저래 욕먹을 바에야 아예 묵살해 버리자고 결정한 뒤 잠을 청하기 위해 술을 찾았다 (무장공비침투를 발견하고도 조치를 잘 못한 이들 초소 근무자들과 지휘자들은 훗날 군법회의에 회부됐다. 문무림 일병과 김남출 하사는 초소이탈 및 허위보고로 사형판결을 받았다. 내무반에서 잠을 잤던 초병 김복수 일병은 초소이탈 및 초령위반죄로 징역 10년을 선고받았으며 소대장과 중대장은 근무태만 등으로 징역 5년, 대대장은 1년의 징역형을 받았다).

산속으로 접어든 공비들은 적과 조우하거나 민간인을 만나지 않았으니 처음부터 길도 없는 8부 능선을 탈 이유는 없었다. 그저 흔적 없이 소로길을 따라 속도를 내는 것이 중요했다. 상륙지점으로부터 최대한 멀리 깊숙이 들어가야 했다. 선두에서 내달리던 김익풍 중위는 남한의 산들도 북한에서 오르내리던 산과 다름없이 가파르다고 느꼈다. 숨이 차도록 야산 두 개를 넘었다. 인적이 완전히 끊어진 곳이었다. 바로 그 때. 오렌지 빛 조명탄이 바다 쪽에서 올라갔다. 고포 초소 쪽이었다. 연이어 박격포 발사음이 여러 차례 들렸다. 4킬로미터 이상 떨어져 있긴 했지만 들키지 않은 것과는 천지차이였다. 헐떡거리며 김익풍 중위는 욕설을 내뱉었다.

"이런 제길…진작에 쏠 것이지."

김익풍이 생각하기에 상황은 최악에 가까웠다. 상륙 이전에 들켰더라면 타고 온 배로 해상귀환해서 일이 쉬울 텐데, 상륙한 다음에 들켰으니 이제부터 육상으로 도주해야만 했다. 정말 지랄 맞은 일이었다. 일행은 밤새 산악구보로 내륙 깊숙이 파고들었다.

보안부대 감청반 1968년 11월 2일 22시 45분

조명탄이 올라가고 박격포 사격이 실시된 직후 제38사단 보안대 감청반에서는 제3초소와 소대장과의 유선통화를 감청했다. 고함치는 소리가 잡음과 함께 긴박감을 느끼게 했는데, 상급자의 욕설과 술취한 하급자의 볼멘 소리로 인해 별 일 아닌 것으로 판단하고 감청코드를 뽑으려다 이상한 표현을 듣게 된다.

"…함정으로 괴한들이 침투…"

감청반원이 귀를 좀 더 기울였지만 사실관계를 정확히 알 수 없는 대화만 오갔다. 그는 아침에 보안반장이 볼 수 있도록 보고서를 작성해 책상에 올려두었다.

보안반장 1968년 11월 3일 09시

다음날 아침. 출근한 보안반장은 책상 위에 놓여진 지난밤의 감청 보고서를 읽다가 지체 없이 관구 보안부대로 유선보고하고 지시를 기다렸다. 제5관구 보안부대에서는 38사단 보안반장이 언급한 '함정, 괴한, 침투'라는 단어에 긴장했다. 막연한 첩보였지만 그냥 지나칠 수 없다고 판단했다. 1·21사태를 겪은 지 1년도 되지 않았고, 얼마 전에도 중앙정보부와 대간첩대책본부에서 하달된 침투예상 경고문을 기억하고 있었다. 심상치 않다는 판단 하에 제5관구 보안부대장은 즉각 수사관들을 헬기편으로 현장에 급파했다.

오리무중 1968년 11월 3일 12시

11월 3일 낮, 제38사단 고포 제3초소는 군 수사관들의 현장검증으로 벌집이 되고 있었다. 초소 근무자들은 뺨을 얻어맞고 정강이를 걸어 채이면서 문초를 당하고 있었다. 다른 수사관들은 침투경로를 찾아내 유류품이나 흔적을 통한 규모와 목적을 발견하려 애썼다. 하지만 성과는 나오지 않았다. 국군은 여전히 안개 속을 헤매고 있었다. 이런 국군에게 최초의 신고가 접수된 것은 고수동 주민에 의해서였다. 잠시 하루 전날로 돌아가보자.

3장
고수동의 비극

고수동 화전민 부락

11월 2일 오후 3시경. 경상북도 울진군 북면 조인리 고수동 부근은
가을 햇살이 일치감치 물러나면서 짙은 산그늘이 깔리고 있었다. 강
원도와 접경지역으로 태백산맥의 줄기를 타고 내린 장재산 기슭에
자리한 고수동은 바다와 멀리 떨어진 해발 400미터의 산골마을이
었다. 사방이 산으로 둘러싸여 햇볕이 일치감치 사라진 그곳엔 그림
자와 함께 냉기가 올라왔다. 메마른 상수리나무들이 바람에 멱살을
잡혀 흔들릴 때마다 얼마 남지 않은 노란 이파리들은 비듬처럼 털려
나왔다. 동시에 계곡은 바람이 만든 쏴아 하는 파도 소리로 채워지

곤 했다. 구구룩 거리는 산비둘기의 울음도 바람과 나뭇잎이 만드는 파도 소리에 실려 왔다. 마지막 공연처럼 화려한 단풍축제를 벌이던 나뭇잎들은 우중충하게 탈색된 채 대지를 뒤덮었다. 해발고도가 높아질수록 나무는 해골의 손가락처럼 이파리가 드물었다. 바닥으로 떨어진 낙엽들은 물빠진 군복과 묘하게 어우러져 은거하던 공비들에게는 완벽한 위장(僞裝)이 됐다. 동틀 녘에 이곳에 도착해 기동을 멈춘 공비들은 낙엽을 긁어모아 이불처럼 덮고서 가수면(假睡眠) 상태로 한낮을 보냈다. 운 좋게 바위틈을 찾아낸 공비들은 바퀴벌레처럼 몸을 구겨 넣은 채로 지냈다.

사흘 전이던 10월 30일 밤, 제 1착으로 상륙한 이후 연 이틀 간 내륙 깊숙히 움직여 온 이들은 2개 소대로 구성돼 있었다. 1, 2소대장과 1, 2소대 정치부 소대장 등 네 명은 다른 대원보다 한 시간 먼저 눈을 떴다. 네 명은 쌍안경을 번갈아 돌려보며 산 밑을 살폈다. 산 아래에는 땅에 엎드린 일곱 마리 거북이들처럼 초가집 일곱 채가 옹기종기 모인 화전민 부락이 있었다. 가을걷이가 끝나서인지 촘촘히 세워 둔 옥수숫대 사이사이 빈 공터마다 낟알들을 넣어 말리는 중이었다. 반경 1킬로미터 이내의 초가집은 이들 일곱 채가 전부였다. 이 부락에서 외부로 연결되는 소로(小路)는 정상을 향해 실지렁이처럼 가느다란 길 하나뿐이었고 아래쪽으로도 구렁이같이 완만하게 휘어진 길 하나가 있을 뿐이었다. 인접 부락까지는 산 아래쪽으로 1킬로미터 이상 떨어져 있어 거의 독립된 촌락으로 봐도 좋았다. 드나드는 외지인은 전혀 보이지 않았다. 제1소대장은 상부에서 제공한 정보에 감탄했다. 지도에 표시해 둔 지역의 정보가 틀림없기 때문이었다. 작전계획을 수립할 때 소대장은 이 지점을 유격기지화를 위한 첫 번째 공작지로 선택했었다. 소대장을 가르쳤던 지도원은 그같은 결정을 추인해 주었다. 원산 초대소에서 출항하기 직전에 지도원은 제2소대와 합동으로 작전하라는 지시를 했었다. 갑작스런 작전개념의 변화였으나 인민군은 이런 면에 익숙한 편이었다. 평소에도 소대장과 정치부 소대장의 지휘 계통 2원화에 길들여져 있었기에 연합작전이라 해도 별 무리가 없었다. 어차피 중요한 결정들은 전원 합의제로 매듭지어 질 터였다.

두 정치부 소대장들은 쌍안경을 들었다 놨다 하며 메모지에 약도를 그리고 집들의 위치를 표시했다. 집집마다 인원수를 수정해 가며 기입해 가기도 했다. 오후 5시가 되자 이들은 좀 더 가까이 모였다. 다른 대원들을 깨우지 않은 채 네 명의 지휘관들끼리 관측결과를 종합하는 숙의를 했다. 30분 뒤 정치부 소대장들의 메모지엔 총 18명이 거주하는 마을로 기록됐다. 전투 가용인원은 여자를 포함해 10명으로 판단했다. 나머지는 아이들과 노인들이었다. 이로써 공작에 들어갈 인원도 10명으로 결정됐다. 아랫마을로 통하는 소로길 양옆으로 경계병을 각 소대에서 다섯 명씩 차출해 배치하고 윗길로는 세 명씩 배치하기로 했다. 소대장과 정치부 소대장들은 상황에 따라 작전 진행을 보조하거나 통제하기로 했다. 작전개시 시각은 익일 05시 30분. 차후 임무와 복귀를 위해 이날 오후는 두 시간마다 교대로 경계를 세운 채 현 위치에서 모두 휴식하게 했다. 두 무전수들이 헤드셋을 쓴 채 손가락을 두들겼다.

'금강산. 금강산. 1차 지점 도착 익일 새벽 작전개시함'
'묘향산. 묘향산. 1차 지점 도착 익일 새벽 작전개시함'

소대별 상부선(上部線)이 서로 다르다고 알고 있는 이들은 각기 자신의 윗선에게 무전보고를 마쳤다. 잠시 후 1소대 '금강산'부터 답신이 도착했다.

'혁명 완수를 빈다.'

2소대 '묘향산'도 비슷한 답신이었다. 교신상태를 점검한 것치고 통신은 아주 만족할 만했다. 무전수들은 나무에 걸쳐 둔 와이어 안

테나를 걷어 배낭에 집어넣은 다음 양푼과 미숫가루 봉투를 꺼냈다. 수통의 물을 조금 덜어내 개어서 먹을 것이다. 이미 잠을 깬 대원들도 그 자리에서 미동도 않은 채 입을 오물거리고 있었다. 연이틀 동안 급속 산악행군을 한 터라 모두 지쳐 있었다. 무전수들은 낙엽을 덮고 누운 채로 터질 듯 가득 채워진 배낭을 뒤져 압축 식량과 꿀물로 배를 채웠다. 포만감에 드러누워 쳐다본 하늘은 아름답게 노을이 번지고 있었다.

대원들은 모두가 휴전선을 넘나들며 국군의 동태를 파악하는 등의 밀로(密路)정찰경험은 있었지만 이처럼 적 후방 깊숙이 장기간 침투한 적은 없었다. 출발 전부터 그래서 모두가 긴장감에 잠을 설쳤다. 하지만 예상과는 달리 지난 사흘 동안 아무런 제재도 없이 계획대로 이동할 수 있었다. 적 후방에서 30명이 사흘 동안 은거만 했다고 해도 대단한 전투 성과인데 하물며 유격전 기지를 구축할 수 있다면 세계 전사(戰史)에 길이 남을 역사적인 작전이 될 것 같았다. 거의 모든 대원들은 그 순간까지 자신들이 몸담아 온 인민군과 노동당 그리고 더 나아가 위대하신 수령 김일성 동지에게 한없는 존경과 신뢰를 보냈다. 자신들에게 가르쳐 준 대로 과연 남조선의 괴뢰군들은 형편없는 경계태세를 보여 주었고 덕분에 연사흘 동안 적지에서 순조롭게 기동할 수 있었던 것만으로도 그러한 존경과 신뢰는 충분하다고들 생각했다. 앞으로도 그렇게 순탄할 것이란 기대감도 덩달아 커졌다. 개들이 산을 향해 컹컹 짖었지만 주민들은 별 다른 신경을 쓰지 않았다. 개 짖는 소리에 너무 익숙한 탓이었을 것이다. 대원들은 공작준비를 마친 채로 그 자리에서 낙엽을 끌어 모아 잠자리를 만들었다. 날이 추워지고 있었다.

이날 밤 9시 30분쯤 대원들은 낙엽 속에서 꼼짝하지 않은 채로 초긴장상태에 빠졌다. 사흘전 상륙했던 부근 상공에서 조명탄이 올라가고 연이은 박격포 사격 소리가 들렸기 때문이었다. 대원들은 국군의 사격방향이 바다를 향한 이유를 잘 몰랐다. 자신들만 투입된 작전으로 알고 있었기에 뒤따라 침투하던 또 다른 공작조가 경계망에 걸렸을 가능성을 추호도 생각하지 못했다. 김정태 정찰국장의 주도로 진행된 이 작전은 준비단계에서부터 침투 소대 간 조우가 금지돼 있었다. 그로인해 훈련은 소대별로 마련된 산중 초대소에서만 진행됐다. 이로 인해 침투병력 규모를 알지 못한 국군은 공비토벌작전에 많은 차질을 빚게 된다.

조명탄이 꺼질 무렵 1소대 무전수가 살살 기어나가 나뭇가지에 안테나를 설치했다. 잠시 후 모르스 타전 소리가 미세하게 들렸다. 북쪽과의 교신 시도였다. 5분쯤 지나자 무전수가 리시버를 귀에 대고 한 손으로 숫자를 받아 적었다. 모두 꼼짝 않고 무전수의 행동에 주목했다.

"상황 없음. 임무 완수 후 북으로."

무전수가 수신받은 음어를 풀어서 읊조렸다. 모두가 그 작은 소리를 들을 수 있었다. 조명탄과 박격포 사격이 있었으니 국군에게 비상이 걸리고 전투가 벌어질 것이라 생각했지만 상부의 무전대로 시간이 흐를수록 잠잠했다. 대원들은 하나 둘씩 안심한 채 잠에 빠져들었다.

양동(陽動)작전

김일성과 김정태 정찰국장은 약삭빨랐다. 그들은 124군부대 3기지의 120명에게 강원도 내륙에서 유격전 기지를 구축하라는 작전 지시를 하고 이들이 상륙해서 내륙으로 기동하는 기간 중에 다른 지역을 타격해 국군으로 하여금 강원도에 집중하지 못하는 작전을 펴고 있었다.

11월 1일 오전 7시경에는 충남 서산 해안에서 무장공비 두 명이 출몰했다. 신고를 받고 출동한 군경과 총격전을 벌이던 공비들은 현장에서 사살됐지만 홍성 보안대장 육군 소령이 전사했다. 강원도 해안 상륙지점 부근에서 조명탄과 박격포탄이 작렬한 다음날(11월 3일), 휴전선 동부 및 중부전선 일대 4개 지역에서 수십 명의 인민군들이 거의 같은 시각에 군사분계선을 넘어 남침했다. 이들은 남방한계선까지 접근해 아군과 교전을 벌였다. 납득할 수 없는 작전처럼 보였으나 실상은 강원도 상륙작전을 은폐하기 위한 양동작전이었다. 이 전투에서 국군은 인민군 11명을 사살했으나 아군도 4명이나 전사자를 내야 했다. 당시 북한 인민군은 살아남은 동료들을 구하기 위해 우리측 GOP 지역까지 박격포 사격을 가하며 탈출을 엄호했다. 11월 2일 밤, 고수동에서 잠복하던 소대로부터 무전을 받은 정찰국이 엄호용으로 DMZ 도발을 기획한 것이었다. 북한의 이 같은 작전은 울진·삼척의 침투 징후나 규모 등을 은폐하기 위해 실시한 완벽한 성동격서(聲東擊西)였다.

11월 3일 오전 5시. 고수동 골짜기의 적막을 새벽닭이 깨우고 있었다. 가수면을 취하던 공비들도 잠에서 깨어났다. 동이 트는 가운데 임무에 따른 조별 재편성이 이루어 졌다. 경계조 20명은 1 소대장이 지시하는 지점으로 은밀하게 이동해 몸을 숨겼다. 지휘관들을 포함한 공작조 10명은 사복을 갖춰 입고 바지춤 속으로 권총을 찔러 넣었다. 각자 기관총들을 배낭 속에 넣어 둘러메고 화전민 촌락으로 내려섰다. 공비들 입장에서는 화전민 촌락이라는 무대 위로 올라선 셈이었다. 지금부터 연극이 시작되는 것이다.

고수동 제1막

공작조원들은 집집마다 몇 사람이 거주하는지 완전히 파악한 상태에서 모든 가구의 가족들을 샅샅이 끌어냈다. 그리고 촌락 가운데의 제일 큰 집 앞마당으로 몰았다. 비교적 말쑥하게 차려입은 신사복 차림의 공작조원이 강원도 억양으로 평계를 댔다.

"주민등록사업 때문에 여러분들 증명사진을 찍어주러 도청에서 나왔습니다. 이쪽 넓은 데로 와서 사진을 찍읍시다."

주민들은 잠이 덜 깬 채 꿈인지 의심하면서도 반강제적으로 몰아가는 낯선 이들의 완력에 옷을 대충 걸쳐입고 공터로 모여들었다. 개중에는 아직도 꿈인 듯 착각하던 사람들이 제법 있었지만 잠시 후 모두가 같은 꿈을 꿀 리가 없다는 생각이 들면서 비로소 겁을 집어먹었다.

그때 마을 위쪽에서 한 남자가 두 손을 번쩍 든 채 내려오고 있었다. 그 사내 바로 뒤로는 총부리를 겨눈 채 따라오는 남자도 보였다. 총을 든 남자의 복장은 조금 어색한 국군복장의 군인처럼 보였다.

앞장 선 사내는 전병두(32) 씨였다. 그는 장성읍에서 리어카로 품팔이를 하는 다섯 식구의 가장(家長)이었다.

10여 년 전 이 마을 태생의 부인 김 씨와 결혼하고 줄곧 외지에서 살았다. 그런 그가 얼마 전 처갓집 묘소를 벌초하러 이 마을로 들어왔었다. 그날 아침 일찍 전 씨는 마을 외곽의 채탄장에서 일하던 동생을 만나고 돌아오던 길이었는데 경계를 서던 공비와 마주치게 됐다. 전 씨는 별 다른 위협 없이 공터에 모인 동네 주민들과 합류했다. 주민들은 모두 열아홉 명이 됐다.

공작조 중 한 사람이 기록원 역할을 했다. 남한 말을 친절하게 잘할 수 있는 자가 기록원의 임무를 맡았고, 연습한 대로 행동했다. 겁에 질린 양떼가 되어 버린 주민들 사이로 기록원은 서류철을 넘겨가며 한 바퀴 돌았다. 그리고 차례대로 주소, 성명, 생년월일, 나이, 동거가족, 직업, 친척 등 신분 사항을 기록해 갔다. 이 자료는 북한으로 돌아가면 정찰국으로 넘겨졌다가 다시 남쪽의 고정간첩들에게 넘겨질 내용이어서 최대한 정확해야 했다. 고정간첩이 주소지로 찾아갔을 때 사실과 다른 내용으로 드러나면 그런 사실도 다시 북으로 넘어가서 책임자가 문책을 당하고 숙청될 수 있었다. 그 책임자가 지금의 기록원이었다.

기록원 옆으로 가죽 케이스가 달린 카메라를 든 사진사가 기록을 마친 사람들을 벽에 세워 놓고 사진을 찍어 주었다. 생전처음 사진기를 본 사람들도 있었고, 본 적이 있는 사람들조차 그렇게 가까이서 본 적은 거의 없었다. 하지만 신문명(新文明)의 이기(利器)조차 주민들의 마음을 붙잡지는 못했다.

그들은 조금이라도 불안감을 줄이려는 듯 집안 식구들끼리 옹기종기 모여 말을 아끼고 있었다. 차례차례 기록원의 질문에 겁먹은 채로 응답하던 주민들은 기록원과 사진사의 행동만이 지나치게 친절하고 그들 뒤로 서성대는 신사복 차림의 다른 사내들은 긴장감이 흐른다는 알아채기 시작했다. 그러면서 그 불안감의 정체를 확인하려 곁눈질을 시작했다. 뭔가 불순하고 수상했으며 위험했다. 하지만 딱히 다른 방도도 없었다.

최초의 불안 조성은 다름 아닌 전병두 씨로 인해 발생했다. 경계병으로부터 총으로 위협받았던 전병두 씨가 대열 속으로 들어오면서부터 주민들은 모두 얼어붙어버렸다. 주민들 중 30대 연령층의 젊은이들이 제일 먼저 이상한 낌새를 알아차렸다. 옷은 신사복인데 다듬지 않은 긴 머리에 작은 지푸라기나 낙엽 부스러기가 묻어 있었다. 얼굴도 세수를 하지 않은 듯 지저분했다. 하지만 불청객들의 공통점이 하나 있었다. 문약한 관공서 공무원과 달리 이들은 하나같이 건장한 체격을 갖추고 있었다.

불펜을 쥔 손이나 카메라를 다루는 손들도 화전을 일구며 살던 자신들의 투박한 손보다 더 했으면 더 했지 결코 덜하지 않았다. 수상한 점들을 파악한 젊은이들의 불안한 감정은 소리없이 주민 전체의 심리를 감염시켰다. 우두머리로 보이는 자는 주민 몇 사람의 이름을 얼굴과 대조하면서 외웠다. 19명 째인 할머니와 기록원과의 대화를 끝으로 마을 주민들의 신상정보가 공비들의 손에 전부 넘어감과 동시에 연극의 제1막이 내려왔다. 거의 한 시간이 지났다. 해가 점점 높이 떴다.

고수동 제2막

제2막 제1장은 우두머리가 등장할 차례였다. 그는 경어체를 쓰면서 자신들의 신분을 드러냈다.

"여러분. 안녕하십니까. 우리는 여러분을 해방시키러 온 무장유격대입니다."

이때 아름드리 소나무 뒤편이나 낙엽과 갈대 수풀 속에서 몸을 숨긴 경계조들이 기관총을 겨누며 몸을 드러내 우두머리가 하는 말이 사실임을 입증시켜 주는 역할을 했다. 주민들은 자신들 모두가 포위당했음을 알아차렸다. 간밤에 개들이 짖었던 이유를 그제야 이해하는 듯했다. 하지만 너무 늦었다. 19명의 주민들은 더 이상 저항할 의사가 없음을 보이는 수밖에 없었다. 모두 늑대들에게 둘러싸인 채 바들바들 떨고 있는 양떼가 되어있었다.

두 번째 우두머리로 보이는 자가 사람들을 마당으로 모은 다음 일장 연설을 했다.

"……."

그의 연설 중간중간에 대 여섯 명의 보조원들이 대열 속을 다니면서 배낭 속에 든 물건들을 꺼내 주었다. 약초를 캐다보면 흔히 주어 보던 삐라도 있었고 천연색 사진이 많은 평양 소개 책자도 있었다.

"미 제국주의자의 앞잡이가 된 박정희 정권은 얼마 못 갑니다. 조만간 우리가 북쪽으로 가서 인민군대를 데리고 내려올 겁니다. 그때까지 여러분들은 준비하고 기다리고 있어야 할 겁니다. 강제로 하라는 게 아닙니다. 잘 생각해 보시오. 우리 인민군대가 내려올 때는 반동들은 전부 처리됩니다. 대신 우리 당원들만은 반드시 보살핍니다. 그것이 우리의 수칙이자 약속입니다. 자, 여러분들은 우리 당에 가입할 것인가. 그냥 반동으로 몰려 개죽음당할 것인가를 결정해야 합니다."

제2막의 주제는 회유였다. 강제성도 없었다. 그냥 알아듣도록 현실을 설명하면서 마음이 움직여지도록 조장하는 단계였다. 그날따라 따스한 가을햇살이 내려 쪼이는 고수동 해발 600미터 골짜기에서는 한동안 사내들의 연설과 고함 소리만 울려 퍼졌다. 하지만 누구도 듣지 못했을 것이다.

감동적일 것 같은 연설은 끝날 줄 몰랐다. 국내정세에서 시작해 국제정세까지, 김일성의 위대한 업적과 해방된 북한 주민들의 찬양 사례까지, 노동당 목표의 정당성과 당위성까지. 누가 채점이라도 하는 듯 꼼꼼하게 모든 내용을 언급하느라 연설원의 목이 쉰소리를 낼 즈음에야 끝났다. 그러면서 이런 말을 했다.

"자, 동무들.

내가 노동당 규약문을 선창하면 동무들도 따라 하기요. 그래서 우리 모두가 맹세를 하자요. 알겠지요?"

눈치 빠른 청년 두 사람이 기어들어가는 소리로 "예"라며 대답했다. 그마저 하지 않았다가는 무슨 봉변을 당할지 몰랐을 것이다. 다행히도 공비들은 그 반응을 긍정의 신호로 보고 만족해 했다. 제2막의 피날레는 서류작성이었다.

다른 공비들이 준비해 온 당원 가입서를 펼쳐 들고 지장(指章)을 받으러 돌아 다녔다. 양식의 제목은 인민혁명당 당원 가입서, 청년동맹 맹원 가입서, 농민동맹 가입서 등 다양했다. 공비들은 연령과 직업에 맞게 분류해서 가입을 권유했다. 그리고 가입하겠다는 사람들에게 오른손을 들고 선서를 하도록 연습시켰다. 몇몇은 마지못해 손도장을 찍어 주었고 하라는 대로 선서를 해 주었다. 그때마다 카메라를 든 공비가 연신 사진촬영을 했다. 기록원 역할을 하던 공비는 일제 트랜지스터 라디오를 꺼내서 녹음이 된다며 주민들의 서약문 낭독을 시켰다. 그날 사용된 카메라에는 필름이 들어 있지 않았고, 라디오는 녹음기능이 없었다. 하지만 화전민 중 누구도 이런 사실을 알 수 없었다. 주민들은 공비들이 이쯤에서 만족했기 때문에 이내 물러 날 것이라고 보았다. 하지만 그렇지가 않았다.

고수동 제3막

해가 머리 위로 떠오르고 있었다. 11시가 넘어설 무렵 제3막이 올랐다. 공비들은 여성과 노인들을 모아 밥을 짓게 했다. 옥수수도 구워 챙겼다. 장기전에 사용될 식량이 될 만한 것들은 최대한 챙겼다. 닭도 여러 마리를 잡았다. 그러는 동안 전투가 가능한 만 18세 이상의 건장한 사내들을 넓은 공터로 한데 모았다. 지금까지 비교적 조용히 있었던 사내가 부하로 보이는 서너 명과 함께 앞에 섰다. 그는 둘러메고 있던 볼품 사나운 배낭 안에서 시커먼 쇠뭉치를 꺼냈다. 기관단총이었다. 구멍이 숭숭 뚫린 총열덮개를 알아 본 사람들은 6.25 당시 공포의 상징이었던 따발총을 의심했다. 그러나 따발총은 몸통 아래에 둥근 탄창이 붙어 있었는데 이 총은 개머리판도 없이 납작하고 휘어진 막대탄창이 붙어 있어 긴가민가 했다.

"동무들, 해방전쟁이 곧 시작될 건데 그때는 우리가 도착할 때까지 동무들의 힘으로 이 마을을 지켜내야 하오. 그래서 동무들이 중심이 돼서 무장유격대를 조직해야 합니다. 우리가 동무들에게 무장유격대 훈련을 시켜 주겠소. 잘 보고 배우도록 하시오."

안전장치를 잠근 총을 들어보게 하고 메는 법과 사격자세 등을 가르쳤다. 그러나 실탄 사격의 기회는 결코 주지 않았다. 그저 자물쇠가 잠긴 총을 들고 흉내만 내도록 했다. 다른 공비들도 자신의 총을 교육용으로 사용했다. 보초 근무 서는 법에서는 한 사람씩 10분 동안 보초를 서도록 실습도 했다. 하지만 누구 하나 적극적으로 나선 사람은 없었다. 마지못해 하는 행동이란 걸 공비들도 알았다.

공비들은 북쪽에서 받은 남한 실정 교육내용에 중대한 하자가 있음을 알아차렸다. 가난에 찌들리고 수탈에 넌더리가 난 농민과 노동자들은 언제든지 무장유격대라고 하면 환영한다고 하지 않았던가. 베트남에서도 호치민은 그런 식으로 유격전을 벌여 승승장구한다고 했었다. 그런데 북쪽의 농민보다 훨씬 가난하게 사는 이들인데도 이상하게 적극성이 없었다. 부엌이나 창고를 뒤져봐도 먹을 게 넉넉지 않은 곤궁한 사람들이었다. 북쪽의 배급제는 여기에 비하면 천국이 분명했다. 그런데도 희한하게 아무도 자신들의 말을 따르지 않는 것이다. 뭔가 잘못되고 있었다.

1~2소대의 두 정치부 소대장들은 상황이 좋지 않다고 판단했다. 자칫 하다가는 언제 신고를 해 버릴지 몰랐다. 그들이 잠시 숙의를 하는 사이에 훈련을 시키던 공비들이 배낭에서 현금 다발을 꺼내 나눠주고 있었다. 100원권 지폐 다발로 7,000원씩 돌리는 공비가 있는가 하면 어떤 공비는 100원권 지폐 100장 묶음째로 건네주기도 했다. 그러면서 "이 돈은 멀리 가서 써야지 삼척 부근에서 쓰면 안 됩니다."라고 주의를 주고 있었다. 영리한 정치부 소대장들은 돈을 받는 주민들이 표정을 읽었다. 크게 기뻐하지 않음이 확실했다. 그들은 대원들에게 신호를 보냈다. 마을의 공작을 마치고 떠야 될 시각이 온 것이다.

고수동 제4막

제4막이 올랐다. 친절하게 총기 사용법을 가르쳐 주던 공비들이 돌연 사나운 협박범으로 돌변했다. 말도 거칠어졌다.

"자, 다들 여기 모이시오."

주민들은 오전과 같이 공터로 내몰렸다. 거기서 공비들은 겁을 주기 위해 총을 겨누고 휘두르면서 소리쳤다.

"지금까지 동무들의 모든 행동들을 사진으로 찍어 두었고 맹세문 낭독하는 것도 녹음해 두었으니 이것들이 경찰이나 정보부에 들어가면 당신네들도 큰 일 날 거야."

"만약 우리가 오늘 동무들에게 해 준 이야기나 받은 돈 같은 걸 밀고하는 날이면 여기 부락사람들은 다 죽은 목숨이 되는 기야. 전원 몰살이야."

"그리고 동무들은 우리가 다시 올 테니까 집집마다 우리가 숨어 지낼 수 있도록 굴을 파 놓으라. 그리고 반항하면 가차없이 죽여 버린다."

두 정치부 소대장들은 마을 청년들이 아무래도 미심쩍게 느껴졌다. 자칫 잘못하다가는 신고당한다는 불안이 엄습했다. 1·21때 구사일생으로 생환했던 박재경 동지의 간곡한 충고도 생각났다. 두 사람은 의논을 했다. 저들 중 가장 의심스러운 자, 신고할 것 같은 자를 골라 시범적으로 처형하자는 결론에 도달하는 데는 그다지 긴 시간이 필요 없었다.

전병두의 옷차림

둘 중 한 명이 다른 공비들을 향해 무언(無言)의 턱짓을 했다. 소대장으로 보이는 자가 청년들을 다시 모아 한 줄로 세우더니 따라오라며 앞장섰다. 9명의 청년들이 줄지어 걸어가는 대열을 따라 여섯 명의 공비들도 총을 든 채 움직였다. 소대장, 정치부 소대장이 한 명씩 끼어 있었다. 여전히 마른 수풀 속에 경계병들이 숨어서 지켜보고 있었다.

　공터에서 80여미터쯤 내려왔을 때 산길은 심하게 휘어져 외부에서는 전혀 보이지 않는 계곡길로 변했다. 소대장은 청년들을 일렬횡대로 세웠다. 무고한 자를 살해하기 위해서는 뭔가 핑곗거리를 찾아야 했다. 공비들은 외지에서 들어온 전병두 씨의 옷차림이 가장 눈에 튀어 전병두에게 먼저 말을 걸게 된다.

　"동무레, 군대는 갔다 왔어?"

순진했던 전병두 씨는 사실대로 말했다.

"예, 해병대로 다녀왔습니다."

갑자기 물어보던 공비가 두어 걸음 뒤로 물러나면서 전병두를 향해 소리쳤다.

"야! 아무래도 이놈이 수상하다! 우리를 지지하지 않고 배반하려 드는 놈이다! 신고할 놈이란 말이다! 이거 아주 죽여 버리고 가야겠어!"

'수상한 놈' '배반' '신고' 이 단어들은 훈련받은 공비들의 기억회로 스위치나 마찬가지였다. 박재경의 세뇌가 효과를 보는 순간이었다. 순식간에 양심을 마비시키는 증오와 분노의 적개심이 고개를 쳐들면서 저자를 죽이지 않으면 나와 내 동료가 죽는다는 생각만 하게 됐다. 동시에 누가 가장 '잘' 처형하는가에 따라 복귀 후 상호비판시간에 승자와 패자로 갈린다는 생각에 사로잡혔다. 참살의 경쟁이 시작된 것이다.

누구랄 것도 없이 두 명의 공비가 전병두 씨에게 달려들어 대열에서 끌어냈다. 그리고 그의 손을 뒤로 돌려 포승줄로 묶었다. 8명의 청년들은 겁에 질린 채 부들부들 떨고 있었다. 그들에게 정치부 소대장 하나가 나서서 외쳤다.

"이 배신자를 처단하시오!"

청년들이 그 말에 나설 리 없었다. 틈이 생겼다. 그 틈에 포승을 묶었던 두 공비가 대검을 뽑아 들고는 전병두 씨의 양쪽 가슴과 배를 사정없이 찔렀다. 외마디 비명과 함께 고꾸라진 전병두 씨 옆으로 붉은 피가 마른 풀 위를 빠르게 적셨다. 아직 숨은 붙어 있었다.

소대장이 나섰다. 그는 쓰러진 전 씨를 향해 소리쳤다.

"이놈은 악질분자야! 돌로 얼굴을 찍어 죽이라!"

말이 끝남과 동시에 네 명의 공비들이 두 손으로 작은 바윗덩이를 들어 올리더니 전병두 씨의 머리를 짓이기듯 내쳤다. 일렬로 서 있던 청년 8명은 아무도 이 끔찍한 광경을 보지 않으려 고개를 숙인 채 눈을 질끈 감았다. 대신 그들은 간헐적으로 새어나오는 신음과 돌이 인체를 부수는 잔혹한 소리들을 들어야 했다.

처형이 끝났다. 청년들은 이번엔 자기 차례인가 하는 생각에 꼼짝을 할 수 없었다. 정치부 소대장이 이들 앞으로 나섰다.

"너희들도 배반하면 저 꼴이 된다. 알았지? 오늘 하루 동안은 절대 동네 밖으로 나돌지 말라! 알았나?"

공비들은 서둘러 그 자리에서 벗어나 자취를 감추었다. 잠시 후 살아남은 청년들이 가족들에게로 달려가고 있었다. 공비들은 숨어서 이 장면을 지켜보고 있었다. 아랫길로 청년들이 내려간다면 경찰서가 있는 읍내로 가는 것을 의미했다. 그때는 가차없이 전원 몰살시켜야 했다. 다행히 청년들은 모두가 집으로 올라가고 있었다. 공비들은 첫 번째 마을에서의 소수부락혁명기지 구축은 실패했다고 보고 북상하며 제2의 마을을 찾기로 한다. 비슷한 시각, 고수동에서 약 10킬로미 떨어진 불영계곡의 작은 화전민 부락에서도 엄영무(27), 김병철(21) 두 청년이 전병두 씨와 같은 방법으로 참살당하고 있었다.

고수동 화전민 부락의 공작을 접고 공비들이 출발을 서두르고 있을 때 외길 아래쪽에서 인기척이 났다.

경북 울진군 북면 부구 우체국에서 6년째 근무하던 우편배달부 강태희(34) 씨는 부인과 4남매를 둔 가장이었다. 그날 아침 그는 배달할 우편물들의 분류를 마쳤다. 모두 100여 통의 편지들이었고 다행히 무거운 소포 같은 것은 없었다. 강씨는 시간이 제일 많이 걸리는 고수동을 향해 울진군내를 관통하면서 열 댓 가구에 편지를 전해 주었다. 그가 고수동 마을로 향할 때는 점심때가 지나고 있었다. 배달 가방 안쪽에 아내가 싸 준 도시락을 고수동에서 먹기로 하고 걸음을 서둘렀다. 가을이지만 역시 비탈진 산길을 오르기엔 숨이 차고 여름처럼 땀도 흘렀다. 구불거리는 산길을 따라 이제 한 200미터만 더 가면 화전민 부락이 나올 것이었다. 그런데 갑자기 숲에서 사람이 불쑥 튀어나왔다. 한 사람이 아니라 여러 사람이었고 사내들이었다. 불길했다(그날 밤부터 부구 우체국은 비상이 걸렸다. 우체부 강씨의 행방이 묘연해진 것이다. 가족들이 연일 우체국장실을 드나들었다. 3일 뒤부터는 친척들과 인근 광업소 인부들이 나서서 매일 고수동 부근 산길과 계곡을 수색했다. 무장공비로 인한 국군들의 작전이 시작되는 중이었다. 그가 행방불명된 지 10일째 되던 날, 광업소 인부 한 사람이 고수동 부락의 전병두 씨가 살해된 지점으로부터 약 100미터 떨어진 도랑가에서 배달 가방을 멘 채 피살되어 가매장된 강씨를 발견했다.)

고수동 화전민 부락이 공포의 사슬로부터 풀려난 시각은 11월 3일 오후 1시 30분경이었다. 정신을 차린 마을 청년들이 신고를 하러 나섰다. 일부는 겁에 질려 남기로 했다. 그중 한 청년이 울진군까지 달려 나갔다. 울진군 경찰서에 청년이 도착한 시각은 오후 2시 30분.

"공산당들이 사람을 죽였어요!"

그가 첫 번째 신고자였다.

비상(非常) 1968년 11월 3일 16시

보안부대와 경찰 대공 수사관들이 신고자를 앞세워 고수동 현장으로 달려갔다. 현장조사와 탐문수사를 통해 수사관들은 30명 정도의 공비들이 침투한 것으로 판단하고 계통을 통해 보고했다. 당시 대공 수사관들은 1·21사태를 떠올렸다. 그보다 큰 규모의 공비침투는 상상할 수 없었다.

11월 3일 16시 정각, 강원도 지역을 담당하는 제5관구 산하 전 부대와 경찰이 작전 비상상태에 돌입했다. 을종(乙種) 비상이었다. 그런데 시간이 지남에 따라 다른 지역에서도 공비들의 피해 사례가 접수됐다. 30명이 넘는다는 얘기가 된다. 하지만 정확한 규모를 알 수 없었다.

이날 20시에 제38사단이 제5관구에 배속됨으로써 제5관구가 작전을 통제하게 됐다. 공비 규모와 작전지역의 험한 산세를 고려할 때 지원부대가 필요해졌다. 이에 따라 다음날에는 공수특전단, 유격대대, 해병 제5연대 2개 대대, 제37사단 2개 대대 등이 제5관구에 배속됐다.

4장
공작과 포위

강인덕 과장의 정보분석

11월 3일 오후 5시경, 청와대에서 긴급 대간첩대책회의가 열렸다. 2시간 전부터 중앙정보부 북한분석국 강인덕 과장은 국군의 대북감청부대로부터 매일 보고되는 모르스 신호의 송수신 자료를 세세하게 읽어 내려갔다. 지난 10월 30일부터 지리산과 태백산맥 주변에서 새로운 신호들이 잡히고 있었다. 발신되는 신호들과 수신되는 신호들의 조합, 각 발신지점 간의 시간과 거리를 따져갔다.

호출부호가 무엇인지는 아직 해독하지 못하지만 같은 음절의 신호들은 같은 호출부호를 의미할 것이라고 보았다. 그는 서로 다른 호출부호가 몇 개나 되는지 세어 보았다. 그가 찾아낸 것들은 모두 5개였다. 강 과장도 1.21 사태의 충격에서 자유롭지 못했다. 그는 1개 팀이 당시의 규모라는 가정을 해서 약 30명 정도로 잡았다. 5개 팀이 움직이고 있다면 총 150명이다. 결과적으로 침투 규모를 비슷하게 잡아낸 것이다. 그는 5시가 되어가자 청와대로 차를 몰고 들어갔다.

회의실은 이미 박영수 치안국장이 강원도 지역의 지도를 걸어두고 대통령에게 브리핑 할 준비를 하고 있었다. 각군 참모총장과 국방부 장관도 나와 있었다. 잠시 후 박정희 대통령이 들어왔다. 그는 전반적인 상황 브리핑을 생략했다. 보고를 받아 알고 있다는 식으로 치안국장에게 "모두 몇 명이야?" 하고 물었다. 갑자기 치안국장이 얼어붙었다. 대통령은 장군들에게 시선을 돌리면서 같은 질문을 했다.

"모두 몇 명이야?"

모두 말이 없고 시선을 돌리고 있었다. 그때 강인덕 과장이 대통령 가까이 지도를 펼치면서 대답했다.

"각하, 제가 볼 때는……."

그는 정보분석과정부터 설명할 필요를 느꼈다. 지도에 조금 전에 확인한 무선 송수신 지점들을 손가락으로 짚어가면서 설명을 시작했다. 좌중은 침묵 속에 그의 설명을 듣고 있었다.

"여기, 여기, 그리고 여기에서 30일, 31일 호출부호가 같은 놈들이 여기, 여기, 그런데 이건 비슷한 호출부호이긴 한데 저쪽과 이쪽의 거리가 너무 떨어져 하루 만에 이만큼은 못 갈 테니 다른 놈들로 간주하면 말입니다, 각하. 전체가 대략 4개 내지 5개 팀으로 보입니다. 고수동에서 30명이 움직였다는 신고가 온 것으로 보면 3 곱하기 5, 대략 150명 정도가 들어온 것으로 보입니다."

그는 대답하면서 대통령의 표정을 살폈다. 박정희의 표정엔 아무런 변화가 없는 채 고개를 끄덕이면서 지시를 내리고 있었다.

"150명? 알았어. 그럼 빨리 대책을 세우자. 강 군하고 대간첩대책본부장은 이 사실을 빨리 국민들에게 알리시오."

강인덕 과장은 대간첩대책본부장인 유근창 중장과 함께 후암동의 대간첩대책본부로 이동했다. 그런데 차 안에서 강인덕 과장은 생각을 달리하게 시작했다. 그는 유근창 중앙에게 건의를 한다.

"본부장님, 국민들에게는 150명이라고 발표하면 너무 놀랄 것 같습니다. 저번처럼 한 30명 정도로 줄여서 발표하고 차츰 올려 가면 안 되겠습니까?"

"아, 이 사람아. 아까 각하에게 그렇게 보고하고 지금 와서 그러면 어떻게 하나?"

"제가 전화해 보겠습니다."

대책본부에 도착한 직후 강 과장은 이후락 비서실장에게 전화를 했다. 이후락 실장은 "각하께 보고 드리고 전화 줄게요."라며 전화를 끊었다. 그리고 5분도 안 돼 전화가 왔다.

"강 과장 생각대로 하시랍니다."

이로써 초기 30명설은 한동안 언론을 탔다. 실상을 아는 사람은 극소수가 되었다.

일주일 뒤 보안사령관이 된 김재규도 150명설을 전해 들었다. 하지만 남한 언론에서 30명 규모로 보도되자 이로 인해 북한으로 하여금 남한의 대간첩작전을 얕보기 시작하는 요인도 됐다. 더구나 우리 군 지휘부도 150명설을 받아들이지 않고 있었다.

당시 김정태는 과연 울진·삼척에 15명 8개 팀만 투입하려 했을까? 만약 11월 2일 밤, 국군의 박격포 사격과 조명탄 등이 발사되고 다음날 오후 제5관구 내 비상이 걸리지 않았더라면 더 투입하지 않았을까? 이런 상상은 충분히 납득할 만했다. 그런데 강인덕 과장은 김정태의 이러한 작전이 실패할 것으로 보고 있었다.

"소규모 혁명부락을 만들어 베트콩처럼 남한 내부에서 저항세력의 기지를 만들려는 이 시도는 뭔가 착각을 하고 있다는 증표였습니다. 그게 뭔고 하니, 당시 한국군에 도입된 장비 중에 헬리콥터가 있었습니다. 물론 미군보다 능력이 떨어지기는 하지만, 충분히 대간첩

작전에서 사용할 수 있는 UH-1입니다. 병력 수송도 하지만 공중에서 주민들에게 방송을 할 수 있는 헬기거든요. 지금과 달리 그때는 라디오도 제대로 보급되지 못했을 때였습니다. 산골 오지에서 위조지폐인지 구분도 못하는 화전민들에게 "그거 쓰면 안 된다. 가짜다."라고 사실을 전해 줄 도구가 우리에게 있었다는 거지요. 게다가 이미 11월로 접어들면서 낙엽이 거의 다 떨어지고 있었습니다. 산악으로 도주로를 정해야 하는 공비들 입장에서는 헬리콥터의 공중 감시를 피할 수가 없을 겁니다. 그래서 실패한다고 보았습니다."

"김정태가 남조선 스파이가 아닐까?"

11월 2일 밤 상륙 침투한 김익풍 중위는 대원들과 밤새 행군해 들어갔다. 11월 3일 낮, 대원들이 낙엽 속에서 잠들어 있을 때 김익풍 중위만은 잠에서 깬 채 골똘히 생각에 잠겼다. 계곡의 햇살이 서쪽으로 기울어 갈 때 헬리콥터들이 날아다니기 시작했다. 불길했다. 능선으로 나가 쌍안경으로 저 멀리 울진 읍내 쪽 도로를 살폈다. 군부대 트럭들이 줄지어 이동하고 있었다. 김익풍 중위는 "들켰구나"라며 욕을 내뱉었다

"젠장맞을. 밤이라 잘 못 봤는데 나뭇잎이 거의 다 떨어져 있었어. 하늘에서는 그냥 다 보이는 거라. 헬리콥터가 뜨면 어떻게 대응해야 하는지 우리는 훈련한 바가 없었어. 그런데 나뭇잎이 하나도 없는 산비탈에 헬리콥터를 만나면 오갈 데가 없는 거지.

게다가 기온이 생각보다 많이 떨어지더만. 한낮과 비교해서 근 20도가 넘게 차이가 나는 거야. 이런 산에서 작전하면 체온손실이 많이 돼서 금방 지쳐버리거든. 정찰국장 김정태가 수상하게 생각되는 거지. 이거 우릴 죽이려고 일부러 늦게 침투시킨 게 아닐까 하는 생각 말이야. 도저히 승산 없는 작전을 하고 있거든. 남조선 스파이가 아닐까도 싶었어. 내가 살아서 올라가면 반드시 이 문제를 당에 제기하고 따져야겠다는 생각을 하게 됐지."

대원들을 깨워 속히 작전 예정 지역으로 들어가 공작 업무를 수행해야 했다. 당시 김익풍 중위가 모르고 있었던 점은 이미 들어온 60명과 김익풍 소대가 타고 온 공작선 뒤로 따라 들어 온 또 다른 공작선에서의 30명 등 모두 8개 팀 120명이 작전을 하고 있다는 사실이었다. 그리고 그들의 작전과정에서 신고가 들어갔고 비상이 걸린 것이었다. 하지만 김익풍 중위는 자신들이 어젯밤 들어오면서 신고가 접수되고 국군이 출동하게 된 줄 알고 있었다.

김익풍 조는 계속 남서쪽으로 이동했다. 하지만 헬기가 뜨고 비상이 걸리면서부터는 밤에도 많은 이동을 할 수 없었다. 김익풍 중위가 이동 기준을 제시했다. 낮에 정찰한 지역까지만 밤에 이동한다는 기준이었다. 그 이상은 뭐가 나타날지 모르니 갈 수가 없었다. 지난 1월에 내려온 김신조 팀과 정반대로 움직여야만 했다. 낮에는 병력의 움직임이 낱낱이 파악됐다. 결국 야간에 확실한 지점까지만 이동하는 식으로는 보름 만에 휴전선까지 갈 수 없을지도 몰랐다. 45킬로그램에 달하는 배낭이 행군속도를 무척 더디게 했다. 지도를 펼쳐놓고 보니 하루 동안 직선거리로 20킬로미터를 나가지 못했다.

무전수 김태복 중사가 평양과 교신을 시도했다. 그가 받은 전문은 "그 지역에서 빠른 속도로 이탈하라"였다.

독가촌 해방공작

11월 4일, 상륙하여 두 번째 날 오전. 날씨가 흐려지고 있었다. 비가 올지도 몰랐다. 숙영 중에 산 아래로부터 국군 1개 중대가 수색을 하며 올라오고 있었다. 모두 긴장하며 숨을 죽였다. 산 아래로 보이는 귀틀집을 수색하고 나머지 병력들은 그 집 뒤의 산등성이를 타고 수색을 하며 다가오는 중이었다.

그런데 그들은 5부 능선까지 올라오다 그만 내려가기 시작했다. 안도의 한숨이 나왔다. 공비들은 국군을 우습게 보기 시작했다. 김익풍 중위는 이런 상황에서는 대동 월북은 틀렸다고 봤다. 기동력이 나오질 않을 게 뻔했기 때문이었다. 그냥 독가촌 하나를 포위해서 가족들을 포섭하는 임무만 하자고 결정했다. 기실, 대동 월북만큼 좋게 평가받을 공작은 없었다. 하지만 이제 그런 걸 따질 만한 상황이 아니었다. 빨리 임무나 수행하고 돌아가야만 했기 때문이었다.

복장도 문제였다. 내의 한 벌에 군복이나 양복을 입은 상태는 야간의 추위를 막기엔 역부족이었다. 무엇보다 겨울 외투가 없었다. 보름 만에 월북할 수가 없고 작전이 길어진다면 골치 아픈 문제가 될 수 있었다. 민가에 가면 식량과 옷이 최우선 탈취 품목이 되어야 했다.

김익풍 중위가 지켜보는 독가촌이 안성맞춤 같았다. 이미 오전에 국군이 한 번 훑어서 다시 올 가능성이 적었다. 산 능선에서 잠복하며 오후 내내 그 집의 동향을 살폈다. 주변엔 더 이상 국군이 없었다. 김익풍 중위는 한눈에 "저 집을 해방시켜야겠다."는 생각이 들더란 것이다. 꼬박 한나절을 지켜보았다. 방 2개가 있었고 소 한 마리가 매어져 있었다.

7살짜리와 3살짜리 아이가 보였다. 노인과 며느리가 보였다. 노인은 옷차림이나 행동거지나 말투로 보아서 힘이 없었다. 다만 돈이 탐나 신고할 가능성은 알 수 없었다. 살림살이는 형편없었다. 북한 어디를 가도 이보다는 더 잘살고 있었다. 물질적 욕망을 부채질하면 가능하리라 싶었다. 그런데 이 집에 아들이 있을 텐데 어찌된 영문인지 해가 질 때까지도 돌아오지 않았다.

　해가 지면서 행동을 개시했다. 숙영하던 고지에 소대장과 5명의 대원이 남아 지키고 있었고 집을 우회하여 저지대로부터 접근하는 적을 막기 위한 차단조 4명이 자리를 잡았다. 김익풍 중위와 3명의 공작조가 집으로 접근하는 사이에 숙영지와 가옥 중간쯤 한 명이 연락조로 배치됐다.

"축하한다. 평양으로, 평양으로"

양복 차림의 김익풍 중위가 인기척을 내며 방으로 들어섰다. 뒤에 3명은 국군복장이었다. 그러나 김익풍 중위는 연 사흘을 산속에서 뒹굴다 나타난 몰골로는 연습한 시나리오대로 해 봐야 소용없겠다는 판단을 했다. 며칠 동안 면도도 못한 채 지저분한 양복과 군복이며 때 낀 손톱을 보니 그런 생각이 더 들었다. 김 중위는 즉시 신분을

'갔다'.

노인과 며느리가 겁을 집어 먹었다. 남편은 돈 벌러 읍내로 나갔다고 한다. 김 중위는 공손하지만 위엄 있는 음성으로 말했다.

"다 죽이지 않을 테니까 윗방에 있는 애들도 이리 다 데리고 와 앉으시오."

겁을 먹은 며느리가 옆방의 아이들을 데려와 품에 안고 앉았다.

"우리, 평양에서 왔는데, 통일도 멀지 않았고, 선생 같은 사람들이 잘사는 사회를 만들려고 왔소. 지금 남조선에는 우리 같은 사람들이 꽉 찼습니다. 그러니 우리 노동당에 가입하고 우리 말 잘 들으면 우리가 여기서 농사 안 짓고도 최소한 면장은 시켜줍니다."

노인과 며느리가 "예, 예." 하며 고분고분하게 말을 듣는 듯했다.

"우리가 노동당에 보고하고 승인도 받아야 하니까 노동당 입당 계약서에 지장 찍으시오."

그들은 아무런 저항도 없이 순순히 손가락을 내밀었다. 지장을 찍은 뒤 이름과 주소, 나이와 생년월일 등을 줄줄이 대 주었다. 그러는 사이에 김 중위는 대원 중 한 명에게 "평양에 보고하시오."라고 명령했다. 보고받은 대원이 대답과 즉시 방에서 나갔다. 잠시 후 그가 들어왔다.

"무전 쳤나? 뭐라고 하던가?"

"위대하신 수령님께서 승인하셨습니다."

"아, 이거 축하하오. 이제 기념촬영 합시다."

다른 대원 하나가 필름도 없는 카메라를 들고 벽 쪽에 어른들을 세워 사진촬영 흉내를 냈다. 그 사이 김익풍 중위는 "신고하지 마시오. 신고하면 저 아이들 까지 모조리 죽여 버리게 됩니다."라고 겁을 주었다. 그러면서 "필요한 돈은 드리지요."라며 배낭 속에 있던 위폐 50만 원과 진폐 30만 원 중 진폐 10만 원을 내 주었다. 김 중위는 어차피 비상이 걸렸는데 위폐를 주면 추적의 빌미가 될 수도 있다고 보았다. 노인이 그 돈을 두 손으로 받았다. 그러자 한 대원이 이런 말을 했다.

"삼척에 저번에 하던 경찰서장 아무개를 아시오? 그 양반도 우리 편이오."

"어이 박 동무, 거 박칠삼이가 아직 삼척 경찰서장 하고 있나?"

"확인해 보고 오겠습니다." 그 대원은 다시 방을 나갔다. 그리고 잠시 후 들어오면서 대답한다.

"현재는 진급해서 강원도경으로 옮겼답니다."

"음, 역시 우리 편들이 진급도 잘되고 있구먼."

이들의 공작사업은 30분이 채 안 걸렸다. 분위기가 좋았다. 김익풍 중위는 며느리에게 밥을 좀 얻어먹을 수 있냐고 물었다.

"우리가 평양까지 가야 하는데 식량이 부족합니다. 폐를 안 끼쳐야 하는데 밥을 좀 해 주시면 돈을 더 드리겠습니다."

며느리는 쌀이 없다며 옥수수와 감자라도 괜찮으냐고 물었다. 그리고 잠시 후 밥상이 차려졌다. 연 사흘 동안 비상식량으로 허기를 메워온 공비들은 게 눈 감추듯 밥상 위의 밥과 반찬을 다 비워버렸다.

일어나면서 김 중위는 배낭 속의 진폐 10만원 다발을 꺼내 주었다.

"이거 우리가 가진 거 탈 탈 털었습니다. 고맙습니다."

오히려 며느리와 노인이 감동을 하는 표정이었다. 그는 이 눈빛을 보며 공작은 성공했다고 판단했다. 다시 한 번 신고하면 다 죽게 된다고 못을 박은 뒤 이들의 보는 앞에서 산 정상 쪽으로 걸음을 옮겼다.

숙영지로 돌아온 이들은 서로 환호작약했다.

"야, 이거 성공이다!"

"여기 좌표 찍어서 평양으로 보내시오."

이들이 신고하지 않는 이상 반드시 이들에게는 고첩이 찾아오게 돼 있었다. 잠시 후 무전수가 평양으로부터의 답신을 받아 들고 왔다.

"축하한다. 평양으로. 평양으로."

다들 홀가분해졌다. 임무를 완수한 것이다. 이제 복귀하는 일만 남았다. 비상이 걸린 듯 했지만 아직 총성은 한 번도 듣지 못했다. 규정대로 한다면 이 집 부근에서 2~3일은 더 매복했어야 했다. 하지만 서둘러야 했다.

포위망 구축

11월 4일 자정이 되어서야 김익풍 소대가 움직였다. 주변 지형은 대부분 해발 500미터 이상으로 해발 1,071미터의 오미산을 중심으로는 1,000미터 고지대를 형성하고 있었다. 게다가 낙엽 진 수목들이 울창했고 암석지대와 급경사 지대가 널려 있어 기동에 많은 제한이 됐다. 멀리 남북으로 달리는 산업철도 영동선이 뻗어 있고 그 옆으로 승부천이 흐르고 있었다.

김익풍 소대는 자신들을 제외한 몇 개조가 활동하는지 알 수가 없었지만 다른 조들의 움직임도 국군을 자극하게 될 것을 염려했다. 실제로 김익풍 소대가 잠입해 들어간 오미산 주변으로 이미 침투해온 4개조가 활동 중이었고, 김익풍과 함께 해상으로 들어온 4개조도 비슷한 지역에서 작전 중이었다. 한 마디로 강원도 남부 내륙과 경북 산간 지역은 공비들 천지였던 셈이었다.

군은 비상체제 하에서 침투 지점을 확보하고 공비들의 예상 침투로를 분석하며 고수동 부근에서 사라진 공비들의 꼬리를 물기 시작했다. 제36사단이 그 지역 내륙을 관통하는 52번 도로상을 점령했고 제108연대 2대대 전투중대 및 122전투경찰중대가 영동선을 봉쇄하면서 포위망을 구축 중이었다.

자정을 넘어간 시곗바늘이 11월 5일 02시를 지나고 있었다. 주변은 짙은 안개가 점령했다. 시야는 6미터 앞도 제대로 볼 수 없을 정도였다. 그것도 불을 켰을 때인데 불빛도 없이 이동해야 하는 공비들에게는 거의 암흑이나 마찬가지였다. 김익풍 소대는 그때까지 단 한 번도 적접(敵接) 상황을 맞은 적이 없는 채 행군했다. 점점 대담해질 수밖에 없었다.

독가촌에서의 정치사업도 성공했겠다 이제 거칠 것이 없었다. 이들이 방향을 잡은 쪽은 계곡을 내려가 북상루트를 밟아 가는 것이었다. 15명은 강원도 경계지역 부근인 경상북도 봉화군 소천면 선불계곡에서 내리막길을 달리다시피 내려가고 있었다.

매복

같은 시각, 영동선 철길을 따라 매복 중이던 제108연대 제2대대의 1개 분대는 선불계곡 동쪽 사면을 주 경계구역으로 삼고 매복을 서고 있었다. 안개가 자욱해 앞이 잘 보이지 않는 가운데 분대 지원화기인 BAR 사수 조현찬 병장은 침침한 시야 속에서 움직이는 물체가 접근 중이라는 사실을 깨달았다. 옆에서 졸고 있던 부사수 박경호 일병을 깨웠다. 그러는 사이 조 병장 앞 5미터 지점에서 공비의 선두가 지나가고 있었다.

이어서 두 번째, 세 번째 공비가 지나가는 중이었다. 그가 김익풍 중위였다. 박경호 일병이 졸린 눈을 비비고 전방을 주시할 즈음엔 8명째 공비가 지나갔고 9번째 공비가 지나가던 무렵이었다. 박경호 일병은 연발 사격이 가능한 카빈 M2의 방아쇠를 당겼다. 조 병장도 BAR 소총의 방아쇠를 당겼다.

'타다닥 투루루루루룩 탕탕탕 피융 피융…'

"아 악." 하는 공비의 비명 소리가 들렸다.

목제 총신인 한국군 카빈 M2의 총성은 가볍게 들렸다. M60의 전신인 BAR은 묵직한 연발음을 냈는데 공비들의 PPsh43은 금속성 총성이 날카로웠다. 모두 구경은 7.62밀리였고 카빈과 공비들의 기관단총은 유효사거리가 200미터로 같은 제원의 화기였다. 이들 세 화기가 일제히 불을 뿜은 것이다.

거의 동시에 조 병장 측방의 3번 매복 진지에서 공비를 향해 사격을 개시했다. 공비들은 진지를 정면 돌파하려 했다. 실상 이 매복 병력은 소대장을 포함해 8명이 전부였다. 계곡 아래여서 화력지원을 위한 무선통신도 안되는 곳이었다. 소대장 김호남 중위는 일부러 많은 병력이 있는 것처럼 소란스러운 지휘를 했다. 공비들은 갈피를 잡지 못했다. 야밤에 기습을 당하면 총탄이 날아오는 방향조차 알기 힘들다.

당시 김익풍 중위는 갑작스런 적으로부터의 사격으로 정신이 번쩍 들었다고 한다. 반사신경으로 무장된 '즉각조치' 사격을 가했지만 어둠과 안개로 인해 자신의 총에서 발사된 초탄(初彈)이 어디에 떨어지는지 알 수가 없어 오조준이고 뭐고 배운 대로 되질 않았다. 무조건 살기 위해 반격을 가하면서 총알이 날아오는 반대쪽으로 몸을 굴려야 했다. 그는 이때 처음으로 전투가 이론처럼 되는 게 아니란 사실을 깨달았다고 한다.

"사방에서 총알이 날아오는데 대원들을 지휘한다는 게 말이 안 되는 상황이었지. 내 살기도 바쁜데. 그 무거운 배낭을 메고 죽기살기로 달려도 속도가 안 나는데다가 발을 헛디뎌 비탈 아래로 이리저리 굴러버리는 데는 훈련이고 뭐고 아무 소용이 없더란 말이지."

그가 정신을 차려 보니 기습당한 곳에서 30여 미터 벼랑 아래로 굴러 떨어져 있었다. 총성은 아직도 계속됐는데 구르는 도중에 김익풍 중위의 배낭이 없어졌다고 한다. 허리춤에 찬 탄창 두 개와 대검과 권총, 그리고 양손에 쥐어진 기관단총뿐이었다. 지도고 나침반이고 위조지폐에다 식량까지 몽땅 잃어버린 것이다.

5장
다시 평양으로

"평양에서 보자"

매복에 걸려 발버둥치던 공비들의 대열은 갈가리 찢겨졌다. 이들은 각자 왔던 길을 되돌아 2킬로미터 가량을 달렸다. 훈련받은 방식 그대로였다. 적과 조우해서 대열이 깨지면 왔던 경로를 되짚어 2킬로미터 지점에서 재집결할 것. 이 경로는 이미 안전이 확인됐지만 아직 도달하지 않은 전방은 어떤 위험이 있을지 모르기 때문이었다. 하지만 당시 한국군에게는 북한군의 이런 전술이 알려지지 않았다.

약 한 시간 뒤 재집결장소에 나타난 김익풍의 대원들 가운데는 여덟 명이 보이지 않았다. 소대장 이철수 대위는 왼쪽 허벅지에 관통상을 입고 압박붕대로 칭칭 감은 채 다리를 절고 나타났다. 고동운 중사는 개인화기인 기관단총을 잃어버린 채 권총을 들고 나타났다. 무전수 김태복 중사는 다행히 무사했다. 배낭을 잃어버린 김익풍 중위가 고동운 중사를 나무랄 수가 없었다고 한다. 김 중위 말고도 배낭을 잃어버린 대원이 두 명이나 더 있었다. 15명의 병력이 7명으로 줄어들었다. 소대장과 김 중위는 대열을 정비한 뒤 진입루트를 달리해 그 지역을 벗어났다. 눈에 증오심이 가득찬 채로.

그날 밤, 어둠 속에서 줄지어 기동하는 데 앞에서 다른 움직임이 느껴졌다. 이때 원래대로라면 수류탄을 던지고 사격을 했어야 했다. 그러나 양쪽 모두 알지 못할 동질감을 느끼고 있었다. 서로 사격하지 않고 접근했다. 서로가 이 지옥에 내버려진 동지들이란 느낌이 강하게 왔다. 아무 말 없이 서로 얼싸 안았다. 그 짧고 강렬한 포옹 속에는 "반갑다"와 "총질 안해 줘서 고맙다"가 뒤섞여 있었다. 한 1분 정도 같이 있었다. 그러나 이야기를 나눌 상황이 아니었다. 기도비닉을 유지해야 하는 적진 속에서 반갑다고 말을 할 처지가 아니었다. 거의가 눈빛으로 말을 나누고 있었다. 적군으로부터 추격을 받으면서도 서로 사선을 넘고 있다는 진한 동지의식이 꿈틀거리고 있었다. 그 와중에 살아 있는 '우리 편'이 있다는 것만으로도 힘이 되어 주었다. 그래서 고마웠다. '우리'도 살아 있지만 저쪽도 살아 있구나.

잘 하면 '우리'도 살아서 돌아갈 수 있겠다는 자신감이 생기고 있었다. 저쪽 소대장이 출발 신호를 내렸다. 이쪽과 다른 방향으로 이동을 시작했다. 그제서야 굳게 잡은 손을 서로 놓으면서 속삭이듯 말했다.

"평양에서 보자!"

"평양에서!"

당황하는 국군

11월 5일. 낮게 드리운 하늘에 동이 트고 있었다. 그때까지 김익풍 소대는 전투지역을 벗어났다고 생각할 만큼 밤새 달렸다. 말이 달린다는 표현이지만 실제로 달릴 만한 길이 없었다. 닥치는 대로 방향을 정해두고 발을 빨리 움직인 것이 전부였다. 감각으로 북쪽이라 판단되는 쪽을 향했다. 날이 어슴프레 밝아지자 어느 산인지도 모르는 비탈의 8부 능선에서 아지트를 정했다. 비트고 뭐고 만들 새도 없었다. 회색구름이 아주 낮게 깔리던 날이었다. 먼 산들은 잿빛 장막 뒤로 몽땅 사라지고, 앞산만 또렷하게 드러났다. 전부가 몸 하나 숨길 만한 공간을 만들고 낙엽과 흙을 대충 덮은 뒤 불안스러운 잠에 빠져들었다.

한낮에 찬비가 잠을 깨웠다. 몸을 덮은 나뭇잎들이 얼음같은 물방울들을 쉼 없이 아래로 흘리는 중이었다. 비를 피하기 위해 자리를 옮기는 대원도 있었다. 비 때문에 일찍 어두워졌고 서둘러 출발했다. 기온은 한층 떨어졌다. 움직이지 않고는 저체온증을 피할 수가 없을 정도였다. 비가 점점 가늘어지더니 밤늦게 맑은 하늘이 나타났다. 별이 총총했다. 계곡을 가득 메우던 산안개도 말끔히 걷혔다. 시계가 좋아졌지만 뒤쫓는 국군에게도 마찬가지였다. 무엇보다 가만있으면 저절로 이빨이 덜덜거렸다. 길은 곳곳이 미끄럼판이 됐다. 살얼음이 얼고 있었다.

11월 6일 새벽이 됐다. 김익풍 소대는 울진군을 관통해 삼척군으로 북상하고 있었다. 나침반과 지도를 잃어버린 김익풍은 북쪽으로 방향을 잡을 방법으로 바다를 기준했다. 동해바다가 오른쪽으로 보이면 북상하는 것이기 때문이었다.

지난 밤 김익풍 공비 조가 국군의 매복조에 걸려 한 번 깨지는 동안 다른 7개 조의 공비들도 여기저기서 총탄세례를 받고 응사하며 뛰기 시작했다. 모두 8개조는 서로의 존재를 어렴풋이 아는 상황이 되었다. 편의상 이들에게 번호를 부여한다면 김익풍 소대는 제6조였을 것이다.

고포리 해안에 상륙한 이들 8개조의 기동로를 전체적으로 살펴볼 필요가 있다. 첫날 진입한 제1조가 남서 방향의 가장 깊숙한 내륙으로 들어왔다. 이들은 경북 봉화군 쌍전리 부근 화전민 부락에서 정치사업을 하고 방향을 틀어 북서쪽의 태백산을 거쳐 영월까지 직진한 다음 영월에서 정북으로 다시 방향을 잡고 계속 직상해 갔다. 이들이 거치는 곳이 계방산이었다.

제2조는 제1조와 함께 10월 29일에 침투한 조였는데 이들이 정치사업을 한 지역은 경북 봉화군 빛내리 지역이었다. 양민학살을 자행한 이들은 제1조와 거리를 두고 나란히 움직인다. 함백산을 거쳐 계속 북상해 가리왕산을 통과했다.

제3, 4, 5조는 나곡리에서 얼마 떨어지지 않은 화전민 촌락들을 차례로 급습해 정치사업을 하며 양민들을 학살하고 북상 시엔 각기 다른 루트를 찾아 이동했다. 특히 이들은 지그재그로 북상했다. 작전상 그렇게 한 것이 아니라 국군과 교전을 거치면서 거듭 진로수정을 한 탓이다.

김익풍 중위의 제6조는 불선골 부근에서 정치사업을 하고 이동중 매복에 걸렸다. 이후 이들은 태백산맥 줄기의 우측 능선을 타고 계속 북상했다. 대열에서 이탈한 공비들은 각자 살길을 개척하며 북진 중이었다. 이들은 두리산과 석병산을 거쳐 황병산까지 북상한다.

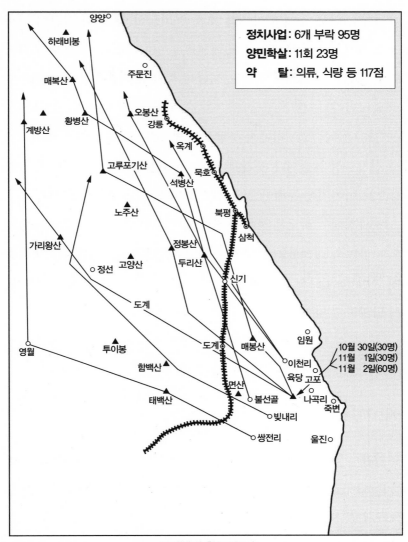

정치사업: 6개 부락 95명
양민학살: 11회 23명
약   탈: 의류, 식량 등 117점

양양
하래비봉
매복산
주문진
계방산
황병산
오봉산
강릉
옥계
고루포기산
석병산
묵호
노주산
북평
삼척
정봉산
가리왕산
정선
고양산
두리산
신기
도계
영월
투이봉
도계
매봉산
임원
함백산
이천리
육당 고포
태백산
면산
불선골
나곡리
빛내리
죽변
쌍전리
울진

10월 30일(30명)
11월 1일(30명)
11월 2일(60명)

무장공비 활동경로

그러나 김익풍 소대뿐 아니라 모든 공비들이 약 50여 일간의 도피 및 탈출과정에서 부대원의 90퍼센트를 잃어버린다. 대부분은 사살되고 있었고 나머지는 대열을 이탈해 홀로 혹은 2~3명이 떼지어 도피 중이었다.

7조와 8조는 고포리에서 북방으로 약 5킬로미터 떨어진 이천리에서 정치사업을 벌이다 쫓기게 된다. 이들은 삼척과 묵호, 오계, 강릉 등으로 이어지는 동해안 철도 부근을 따라 북상하다 괴멸됐다.

이 과정에서 국군은 공비를 생포해 심문하게 되는 데 공비들조차 모두 얼마나 내려왔는지 알지 못하고 횡설수설하고 있었다. 그 와중에 공비 출현 보고가 동에 번쩍 서에 번쩍 하는 식이어서 국군은 몹시 당황하고 있었다.

거지부대

58일간의 작전 끝에 침투공비 대부분이 괴멸되는 이 전쟁에서 공비들은 대체로 무슨 문제를 겪었던가. 생존한 김익풍 중위의 증언은 그래서 더 생생하다.

"참 거지부대도 그런 거지부대가 없었을 거야. 갑자기 눈이 오고

실패하고 있었던 겁니다. 그저 1·21사태에서 우리가 이겼다는 자만심만 갖고 게릴라전을 하찮게 본 것이었지요.

그래도 결국 궤멸시킬 수 있었던 데는 공수단과 유격대대가 미군 헬기 지원을 받아 거점작전을 잘 해낼 수 있었고 무엇보다 예비군들의 역할이 컸습니다. 이들이 지역방어선이 무너지는 곳곳을 커버해 주고 있었거든요. 참 예비군들 역할이 컸지요."

삼국시대 수준의 보급 체계

한국군 가운데 가장 피해가 컸던 사단은 11사단이었다. 참전 사단 가운데 공비 사살 21명이라는 가장 많은 전과를 올리고도 병력 운용에 실패해 오발사고로 숨진 병사도 속출했고 무엇보다 동상 환자가 속출했다. 육사 7기로 5·16 직후 공무원 연수원장을 역임했던 이세규(李世奎) 11사단장은 군사령관으로부터 문책을 받고 화병으로 앓아누웠다. 동료 지휘관들이 동정어린 시선을 던지곤 했다고 한다. 당시 한 지휘관의 회고담에는 이런 내용이 등장한다.

"지프로 이동하면서 보니까 11사단 병력들이 지나가는 데 어떤 병사는 울면서 가는 거라. 차를 세우고 보니까 손이 야구 글러브 낀 손인 줄 알았어. 물어보니까 울면서 '동상'이라고 하더라고. 퉁퉁 부어오른 거야. 11사단장이 운이 없었던 거지. 잘 해볼 여건이 되지 않았던 시대였으니까."

당시 연대급에 운용되는 군용트럭은 일본제 트럭으로 험로 기동이 거의 불가능했다. 구급차 같은 것도 없었다. 거기에 반해 공수단과 유격대는 힘 좋은 미제 군용트럭을 사용하고 있어 기동력에서도 큰 차이를 보였다. 무엇보다 군수보급의 수준이 매우 낮았다. 언제 끝날지 모를 작전에 투입된 병사들에게 방한복과 식량 및 부식 등을 원활하게 보급하는 개념이 거의 없었다. 지역방어를 위해 이동하는 병사들은 쌀을 가마니째 지게에 짊어지고 이동 중이었다. 그 옆에는 대형 가마솥을 지고 가는 병사, 여러 부식을 지게에 싣고 가는 병사……

미군과 유엔군의 지원을 받았던 6·25와 달리 한국군 자체만의 전투보급 수준은 거의 삼국시대의 수준이나 다름없었다. 대신 공수단과 유격대는 소규모 팀별 제대 운용을 한 덕분에 이들은 마을이나 시장에서 조리된 반찬과 부식을 구입해 다녔다.

공수특전단

7명만 남은 김익풍 중위의 제6조는 비가 그친 이날 산 능선을 타다 은거지를 구축 중이었다. 첩첩산중의 어느 산인지 알 도리가 없었을 테지만 이들이 머물던 곳은 울진군 서면 삼덕리의 해발 740미터인 세덕산과 능선이 이어진 비슷한 높이의 산이었다. 국군과의 교전으로 인해 타격을 입은 김익풍과 공비들은 훈련받은 전술행동 따위는 다 소용이 없다고 판단했다. 되는 대로 해 가야 하는 형편이었다. 이동시에는 소로길을 피하고 반드시 8부 능선을 탈것? 웃기는 소리였다. 낙엽이 미끌거리고 바스락거리는 판에 소로길로 뛰는 편이 훨씬 생존확률이 높았다. 공비들은 그 산의 정상 부근으로 올라가 은거지를 구축 중이었다.

당시 공수단의 이효일 중위는 부중대장으로 3대의 헬기에 대원들을 태우고 날아와 세덕산 정상에 착지했다. 병력들을 산개시켜 적 징후를 찾았으나 이렇다 할 흔적이 보이지 않았다. 그들을 내려놓고 돌아가던 헬기들이 지평선 저 멀리로 사라지고 있었다. 그때였다. 쌍안경으로 관측하던 선임하사가 이효일 중위에게 쌍안경을 넘기면서 "부중대장님, 저 앞산 정상 좀 보세요. 저기 사람들이 움직이는 것 같지 않아요?"라고 했다.

세덕산보다 약간 높아 보이는 산이었다. 봉우리와 봉우리끼리는 불과 300여 미터밖에 안 돼 보였다. 거기로 가려면 한 참을 내려가 다시 한참을 올라야 했지만. 이효일 중위는 쌍안경 속에서 군복 차림의 두어 명이 허둥지둥 하는 장면을 보았다. 쌍안경을 내려놓고 이번에는 맨눈으로 보았다. 확실히 사람의 움직임이었다. 이 중위는 중대장에게 보고한 뒤 상황을 주시했다.

요원들도 맨눈으로 숨죽이며 지켜보다가 자기들끼리 의견들을 내놓았다.

"야, 저거 우리 국군인지도 몰라."

"에이, 아니야. 우리 말고 보병들이 저기까지 올라갈 리가 없어."

"그렇긴 한데 공비라면 저렇게 눈에 띄게 행동하나?"

"혹시 우리가 탄 헬리콥터 소리에 놀라서 저러는 게 아닐까? 급히 다른 데로 이동하려고 말이야."

중대장은 헬기를 다시 불렀다. 강릉비행장으로 돌아가던 헬기들이 다시 돌아와 특전요원들을 태우고 날아올랐다. 그리고 맞은편 정상 부근으로 접근했다. 엔진 소리가 시끄러운 헬기 안에서 중대장은 "실수 없도록 분명히 확인해야 한다. 알았지!" 하고 고함을 질러 요원들의 다짐을 받고 있었다. 아군을 적군으로 오인하면 사고가 나는 것이다.

헬기가 고도를 낮추면서 고지를 중심으로 시계방향으로 선회비행을 하기 시작했다. 좌측에 구경 50의 기관총이 거치돼 있었다. 이효일 중위가 창문에 얼굴을 바짝 대고 아래를 살펴보았다. 헬기가 두 바퀴째 선회하는 동안 고지 부근의 지형이 전부 파악됐다. 그런데 정상 부근에 서너 명이 바위에 붙어 움직이는 모습이 보이고, 한쪽에서는 헬기를 향해 조준 사격자세를 취하고 있는 모습도 보였다.

순간 이효일 중위가 고개를 들어보니 유리에 거미줄 같은 무늬가 생겨났고 중앙에는 조그만 구멍이 뚫려 있었다. 엔진음 때문에 총알이 유리를 뚫고 들어온 소리를 듣지 못했던 것이다.

"중대장님! 공비가 맞습니다!"

이 중위는 소리치면서 미군 기관총 사수에게 유리창에 난 총탄 자국을 가리켰다. 기관총 사수가 헬기 문을 옆으로 힘껏 열어젖히더니 Cal50 기관총을 잡고 아래를 향해 사격을 시작했다. 특전 요원들도 헬기에서 사격을 시작했다. 비행중인 헬기에서 지상의 적군을 맞춘다는 것은 실상 어려운 일이었다. 하지만 Cal 50 기관총의 위력은 대단했다. 탄착지점마다 굵은 흙먼지가 일었다.

몇 차례 사격을 가하는 동안 공비들은 바위 뒤로 숨어버렸다. 병력을 강하시켜야 했다. 비탈지고 숲이 우거진 곳에서 헬기 강하는 불가능했다. 정상에서 약간 떨어진 지점에 좁은 평지가 보였다. 착

류지가 정해졌지만 헬기가 착륙할 만한 장소는 아니었다. 헬기는 최대한 지상으로 동체를 접근시켰다. 그래도 5미터 정도의 높이가 됐다. 중대장이 소리쳤다.

"뛰어!"

이효일 중위가 제일 먼저 점프했다. 나머지 특전요원들도 익숙한 자세로 잡초위를 향해 몸을 날렸다. 모두가 착지 즉시 사주경계태세로 들어갔다. 정상까지는 100여 미터. 그때부터 고지에서 날아오는 총탄을 피하며 대항사격을 시작했다.

교전

당시 인민군 김익풍 중위는 어떤 상황이었을까.

"헬기에서 우릴 보고 다가온 모양이었지. 그런데 산이 너무 가팔라 뒤편으로 갈 수가 없더란 말이야. 공중에서는 헬기가 퇴로를 차단하고 있고. 결국 돌파해서 밑으로 내려가는 수밖에 없었거든. 내옆에는 다리에 붕대를 감은 소대장 이철수 대위가 있었고 내 앞 50여미터쯤에 대원들이 횡대로 숙영지를 만들다 걸린 거야. 일단 그자리에서 응사를 했는데, 산 위에서 보니까 접근해 오는 자세가 아주 훈련이잘 된 군인들이었지. 얼룩무늬 군복에 철모를 쓰고 있었는데 은폐 엄폐를 하면서 정상 쪽으로 기동했어. 바위가 나타나면 몸을 붙이는 동작이 훈련이 잘 된 국군이었어. 제대로 훈련된 국군을 남파되고서 내가 처음 본 거야."

이날 전투에서 김익풍 중위는 대원들의 사격자세를 뒤에서 지켜보는 셈이 됐다. 그의 앞에 5명의 대원들이 엄폐물을 이용해 숨었다가 돌연 몸을 세워 사격을 가하고 다시 숙이는 자세가 반복되고 있었다. 그런데 평소 어눌했던 고동운 중사의 패기 있는 공격행동이 돋보였다. 몇 몇 대원들은 고개를 내밀지도 않고 공중에 발포를 하는 반면, 고동운은 상체를 들어 적을 확인하며 사격하고 있었다. 김익풍 중위도 쉴 새 없이 사격을 하고 있었다. 그런데 갑자기 옆에 있던 이철수 대위가 "커 컥" 하는 이상한 소리를 냈다. 돌아보니 그의 목으로 총알이 관통해서 붉은 피가 솟구치고 있었다. 그는 두 눈을 부릅뜬 채 죽어가고 있었다.

"그렇게 가까이서 김이 모락모락 나는 사람의 피를 보게 된 것이 처음이었는데, 피비린내가 그렇게 독할 줄 몰랐어. 내가 다 구역질이 올라올 정도였지."

이철수 소대장이 사살되자 더 이상 있다가는 안 되겠다고 판단한 김익풍 중위는 대원들에게 "저쪽 능선으로 붙어라!"고 소리치며 엄폐호에서 튀어 나갔다. 포위해 들어오는 특전요원들을 뚫고 맞은편 산으로 내달리란 얘기였다. 모두가 김 중위의 명령에 따라 몸을 일으키며 사격을 가했다. 김익풍 중위가 소대장의 배낭을 짊어지고 수류탄을 뽑아 아래로 던졌다. 나무 손잡이가 달린 수류탄이 멀리 던질 수 있는 장점이 있기도 하지만 잡목이 우거진 곳에서는 단점이 되기도 한다. 그가 던진 수류탄은 얼마 못 가 나뭇가지에 걸린 채 폭발하고 말았다.

자폭(自爆)

그러나 잠시 동안 공비들에게 쏟아지던 총알이 멈춘 듯 했다. 그 틈에 모두 아래로 달려 나갔다. 바로 그때 앞서가던 한 대원이 배에 관통상을 입었다. 입에서도 붉은 피가 흘렀다. 김익풍 중위가 부축했다. 그러자 그는 김 중위를 밀어내며 "부소대장 동지, 난 틀렸어요. 먼저 가요."라며 김 중위를 밀쳐 냈다. 순간 그의 손에 수류탄이 들려 있는 게 보였다. 그는 안전핀을 뽑더니 몸을 돌려 "야 이 개새끼들아!" 하고 욕을 해 댔다.

　'꽝!'

순식간이었다. 김익풍 중위는 수류탄의 후폭풍에 뒤로 3미터 정도 나가 떨어졌다. 귀가 먹먹하고 아무 소리도 들리지 않았다. 그는 피범벅에 흙먼지를 뒤집어썼다. 귀에서 윙- 하는 소리가 울렸다. 입속으로 흙이 씹혔다. 아무 소리가 들리지 않았다. 쓰러진 부하를 보니 내장이 다 날아가 버리고 하얀 갈비뼈와 등뼈가 선홍색의 살점 속에 그대로 드러나 보였다. 귀가 절반쯤 먹은 상태에서 김익풍 중위는 계속 아래로 내달렸다.

총알이 날아오는 쪽을 향해 반사적으로 사격을 가하면서 그는 필사적으로 달렸다. 바위를 뛰어넘고 나무를 좌우로 피하면서 보폭을 최대한 벌려 뛰었다. 핑핑 하며 총알이 스쳐지나갔다.

가다 보니 다른 대원들도 비슷한 속도로 내려가고 있었다. 이들이 제대로 자리를 잡게 된 것은 그로부터 십여 분 뒤였다. 김익풍 중위를 포함해 다섯 명이었다. 그들은 조금 전까지 마주했던 세덕산 중간쯤에 올라와 자신들이 내려온 산을 향해 특전요원들과 다시 총격전을 시작했다. 피아간에 서로 자리를 바꾼 것 같았다. 가까웠다. 불과 100미터도 채 안 될 성싶었다. 특전대가 손나팔을 만들어 소리쳤다.

"자수하라! 자수하면 살려준다!"

"개 간나 새끼들 헛소리나 그만하라!"

"어이, 공비들! 이제 그만하지. 너희들 다 포위됐어!"

"너희 새끼들이나 아가리 닥치고 살 궁리나 하라우!"

'타타타타탕……! 타다닥! 타다다다닥……!'

고난의 행군

몇 마디 욕설이 오간 뒤엔 다시 콩 볶듯 두 종류의 총성이 뒤섞였다. 그 틈에 특전요원 권준식 상사가 고꾸라졌다. 의무특기요원이 포복으로 다가가 보니 왼쪽 가슴과 복부, 허벅지까지 세로로 세 발을 전부 맞았다. 붕대로 지혈을 마친 의무요원이 이효일 중위에게 보고했다.

"희한하게 한 발은 옷만, 두 발은 살만 건드리고 지나갔습니다. 뼈는 상한 데가 없고요. 정확한 것은 의사가 봐야 합니다."

특전요원 세 명이 부상당한 권 상사를 부축해 공비가 머물렀던 정상 쪽으로 올라갔다. 헬기가 날아와 권 상사를 싣고 이륙했다. 그는 이 작전이 끝났을 때 퇴원해서 건강하게 복귀해 있었다.

"완전 포위됐으니 살아 나갈 수 없다. 자수하라!"

"쌍 반동새끼들 개수작 하지 말라!"

UH-1H 한 대가 날아오는 데 삐라를 뿌리고 있었다. 양복 차림의 김신조가 어떤 벽에 기댄 채 서 있는 사진이었다. 급하게 찍어 만든 삐라인 듯 보였다. 당시 이 삐라를 주워 본 김익풍은 이렇게 말했다고 한다.

"이 새끼들, 벽을 보라. 이거 수용소 벽 아닌가. 남조선 새끼들은 입만 열면 거짓말을 하지."

옆에 있던 공비들도 그렇게들 믿고 있었다고 한다.

해가 지고 있었다. C-46 수송기 소리가 들렸다. 이윽고 조명탄이 공중에 걸리기 시작했다. 낙하산에 메달린 조명탄이 밝은 빛을 내면서 천천히 내려왔다. 계곡과 산의 모든 모습들이 순식간에 대낮처럼 변했다가 이내 어둠속으로 자취를 감췄다. 조명탄이 공중에 걸릴 때마다 반복됐다. 김익풍 중위는 탈출할 때가 이때라고 봤다. 그는 대원들에게 "뜨자"라고 말했다.

조명탄이 걸리면 이동하는 방법은 나무처럼 위장하는 것이다. 풀과 나뭇가지로 몸을 나무처럼 만든다. 총과 배낭 같은 물체가 겉으로 드러나지 않게 몸 안으로 숨긴 뒤 손으로 나뭇가지를 들고 일어선다. 조명탄이 터져 확 밝아지면 약 4분 동안은 선 채로 움직이면 안 된다. 낙하산에 매달려 흔들리며 내려오는 조명탄으로 인해 그림자가 진하게 드리워지면서 흔들린다. 이걸 이용해 그림자 속으로 숨어야 한다.

그날 밤 김익풍과 네 명의 부하들은 그 자리에서 이탈해 북쪽으로 도주할 수 있었다. 새벽이 오면서 하늘에서 눈이 내리기 시작했다. 첫눈이었다. 바람도 세차게 불어 눈은 사선으로 내렸다. 뼛속까지 얼어붙는 듯했다. 살아남은 공비들에게는 그야말로 고난의 행군이 계속되는 중이었다.

김익풍 중위의 공비들이 특전요원들과 교전을 벌이다 도피하던 무렵 앞서 침투했던 공비들도 국군과 몇 차례 조우하면서 대열은 무너지고 있었다.

이쯤에서 김익풍의 궤적을 요약하자.

그는 생존 공비들을 데리고 북상을 시도해 강원도 황병산 부근까지 진출했다. 이때가 12월 초. 그러나 겨울이 깊어지면서 도저히 휴전선 돌파가 불가능하다고 판단한 그는 대원들을 설득해 봄이 올 때까지 남쪽의 어느 골짜기에 숨어 지내기로 한다. 남하를 하기 시작한 것이다. 이들이 삼척 시내가 보이는 곳까지 왔을 때 병력은 김 중위와 관통상을 입은 무전수 김태복 중사 한 명뿐이었다.

그 사이에 김 중위 본인조차 기억할 수 없을 정도의 무수한 전투를 치렀다. 12월 15일, 그가 독가촌을 발견하고 접근했을 때 김태복 중사가 숨을 거둔다. 김익풍 중위는 그 독가촌에서 저녁을 얻어먹다가 포위한 국군에 투항했다. 승복 군의 집에서 동남쪽으로 약 20킬로미터 떨어진 곳이었다. 그로부터 5일 뒤 국군은 경북 울진, 영양, 봉화 일원의 을종 사태를 해체한다. 무장공비 120명 중 105명을 제거한 뒤였다.

소개령(疏開令)

공비들에 의한 고수동 화전민 부락의 전병두 씨 살해사건을 시작으로 한 달여 동안 경북 일원과 강원도 지역 주민들은 곳곳에서 공비들에 의해 목숨을 잃어야 했다.

▲ 11월 3일

경북 봉화군 토담부락은 4세대 25명이 모여 작은 촌락을 이루고 있었다. 이들도 고수동 주민들처럼 마당으로 몰아진 채 협력을 강요했으나 수월하지 않자 공비들은 개머리판으로 윤 모 노인과 전 모 노인을 집단 구타했다. 정신을 잃은 두 노인이 죽은 줄 안 공비들은 황급히 자리를 떴다.

▲ 11월 4일

동해안 산촌. 삼척군 원덕면. 해가 질 무렵 논에서 볏단을 추려 함께 지고 가던 김형식 씨(44)와 김대용 씨(47), 김성용 씨(44) 등 세 사람은 난데없이 어둠 속에서 쏘아대는 기관총 세례를 받고 놀라 쓰러졌다. 이들 세 사람 중 김형식 씨만 다리에 관통상을 입었다.

삼척군 노곡면의 산비탈에서 약초를 캐던 유 모 씨는 공비와 조우했다. 그는 공비들에게 20여 킬로미터 끌려 다니다 "뒤가 마렵다"며 대열과 떨어진 순간 험한 계곡 속으로 내달려 목숨을 건졌다.

▲ 11월 6일

삼척군 동면의 김대경 씨(56)는 작은 귀틀집에 홀로 머물고 있다가 공비를 만났다. 그들은 김대경 씨의 입에 자갈을 물리고 두 손을 꽁꽁 묶어 방안에 가둔 뒤 집 안을 뒤져 감자와 옥수수를 삶아 먹고 달아났다.

▲ 11월 10일

삼척군 동면 정 모씨 집. 3명의 공비가 침입해 어린아이를 포함한 일곱 식구들을 묶어 방에 가둔 뒤 밥을 훔쳐 도망갔다.

▲11월 11일

동면 화전민 양 모씨(40) 집에선 된장과 양념을 탈취해 갔다.

▲11월 13일

큰 부락에서 10여 킬로미터 떨어진 삼척군 중봉산(1,240m) 정상 부근엔 화전민의 귀틀집 한 채가 있었다. 네 식구가 4년 전에 장성읍에서 이곳으로 이주한 뒤 약초재배를 하며 살고 있었다. 시아버지와 며느리, 그리고 두 손자가 가족의 전부였다.

소개령을 내리고 수색대가 접근했을 때 이미 이 집은 텅 비어 있었다. 그러나 불과 얼마 전까지 살았던 흔적들이 생생해 이상하게 생각한 수색대원들은 집 부근을 계속 뒤졌다. 거기서 대원들은 김장독을 묻기 위해 파 둔 구덩이 속에서 세 구의 시체를 발견한다. 시신이 된 노인 최반석 씨(71), 며느리 신원술 씨(54), 손자 최용학 군(15) 등 세 사람은 총상이 아니라 대검으로 찔린 자상(刺傷)이 나 있었다. 그 중 노인의 신체에서는 10여 군데가 넘게 칼에 찔린 흔적이 나왔다. 큰손자 최용운(21)이 정부의 소개령이 내려지자 읍내로 방을 구하러 내려간 사이에 악마의 손길이 덮쳤던 것이다.

▲ 11월 17일 밤

명주군 계곡에는 박광호 씨(43)등 세 가구가 모여 사는 화전민촌이었다. 해가 지자 예비군에 소속됐던 남자들은 모두 마을 입구의 잠복초소로 나갔다. 밤새 경계근무를 하기 위해서였다. 그 사이에 세 가구에 들이닥친 공비들은 모두 12명이었다. 젊은 여인들은 아이들 10여 명과 함께 박 씨 집 안방에 포승에 묶인 채 갇혔다. 아이들이 겁에 질려 울고 여인들이 발버둥치자 공비들이 총을 겨누며 쏘아 죽이겠다고 협박했다.

그러는 사이 나머지 공비들은 울타리 밖에 매어둔 황소를 잡았다. 그 자리에서 소를 해체한 다음 고깃덩이를 그대로 배낭에 담았다. 세 가구의 부엌과 방을 뒤져 이들은 곡식과 50여 점의 옷도 있는 대로 약탈해 갔다. 공비들은 자신들을 자극할 만한 남자들이 없다는 점 때문에 아무도 죽이지 않고 떠났다.

▲ 11월 19일

명주군 산골 두 화전민 집에 침입한 공비들은 주인 이종옥 씨(38), 변홍건 씨(41) 두 남자를 총으로 위협해 해 놓은 밥을 가져갔다. 같은 지역 독가촌인 이강현 씨(56) 집에 7명의 공비가 가족 7명을 결박하고 현금과 쌀 5말, 옷 10여 점을 약탈해 갔다.

▲ 11월 20일 새벽

평창군 산골 독가촌의 화전민 고원식 씨(36)는 환갑이 넘은 부모를 모시면서 부인과 두 아이를 키우는 가장이었다. 전날 밤 예비군 초소에서 근무를 마치고 해가 뜨자 인수인계를 한 뒤 집으로 돌아왔다. 그러나 집은 이미 참변의 막이 내려진 상태였다. 고 씨의 아버지 고영린 씨(62)와 어머니 이학녀 씨(63), 부인 김아기 씨(21)와 맏딸 상옥 양(5), 둘째딸 상금 양(3)은 칼과 돌멩이로 짓이겨져 난자된 시신이 되어 있었다.

그들의 시신은 집 앞 도랑에 던져진 채 포개어져 있었고 보리짚단으로 대충 덮여 있었다. 신고를 받고 현장으로 나간 군 수사관들은 공비들이 부엌에서 수제비를 끓여먹고 암소 한 마리, 닭 11마리, 밀가루와 옷 등을 훔쳐 갔다는 사실을 알아냈다.

▲ 11월 25일 자정

영월의 해발 400미터 정상 부근에서 귀틀집을 짓고 살던 우태봉 씨(26) 집도 악마의 손길이 덮쳤다. 이 집을 덮친 공비들은 7~8명 정도였다. 건넛방에서 자던 우 씨의 어머니 박옥순 씨(50)와 사촌 동생 김상규 군(12), 맏딸 영자 양(3) 등 세 명은 이불을 덮고 잠을 자다 그대로 총격을 받아 숨진 채 발견됐다. 공비들은 안방의 우 씨 부인 엄

분남 씨(22)와 그 곁에 누운 생후 50여 일 되는 아기를 개머리판으로 내리치고 발로 밟아댔다.

집 밖에서 총성을 들은 남편 우 씨는 그대로 2킬로미터 떨어진 큰 마을로 달려가 신고를 했다. 군인들이 도착했을 때 아내와 아기는 실신한 채 생명은 끊어지지 않아 긴급 후송됐다. 당시 언론들은 공비의 발에 밟혔던 아기의 얼굴 사진을 크게 실었다. 전국의 어머니들이 이 사진과 기사에 분노했다.

▲ 11월 29일(한 달째)

평창군 오대산 상원사를 습격했다. 불공을 드리던 여 스님(63)을 불단 앞에서 학살했다. 절간에 공부하러 와 있던 최대기 군(21)을 납치했다. 쌀 2가마, 승복 8벌, 내의 10여벌, 승려 증명서도 탈취했다. 부엌문을 박차고 난입한 이들은 다른 승려 7명과 최 군을 방에 가두고 밥을 지어먹은 뒤 강탈을 시작했다. 불공을 드리던 승려를 오직 공포분위기 조성을 위해 총살했다. 최 군을 대동 월북하면 성과가 있을 것으로 본 조장은 강제로 납치해 상원사를 출발했다. 12월 4일, 이들이 밥을 짓기 위해 나무를 주우러 간 사이 탈출한 최 군은 밤 9시경 수색 중이던 국군과 조우한다. 이들 공비들은 추적중인 국군에게 모두 사살됐다.

경북에서 시작된 공비들의 활동지역은 시간이 지날수록 강원지역으로 옮겨 갔다. 국군의 추격도 강원 산간지역으로 이동했다. 한반도 허리에서 시작된 국군과 공비와의 전투지역은 점차 휴선선을 향해 북상 중이었다. 그 무렵 강원도 동해안 지역 주민들은 제2의 한국전쟁 속에서 살아가고 있었다. 학교나 직장이나 모두가 공비토벌이 화제가 됐다. 부락을 형성하지 않은 채 독립가옥에 거주하는 화전민들은 부락이나 마을로 이동하라는 소개령이 내려졌다. 화전민의 아들인 아홉 살 승복군의 집은 소개령에 해당되지 않았다. 바로 위의 두 채가 해당됐기 때문이었다.

3부

"나는 공산당이
싫어요."

1장
승복이 가족

승복이네 가는 길

그해 겨울은 유난히 일렀다. 남한에서 다섯 번째로 높다는 계방산 (1,577m)에서 내리 꽂는 바람이 예년에 비해 더욱 새 찼다. 하늘로 뻗어나간 마른 가지마다 11월이 채 가기도 전에 하얀 눈꽃이 피었다.

속사국민학교 계방분교 2학년에 다니는 아홉 살 이승복(李承福)은 화전민인 이석우(李錫雨) 씨의 3남 1녀 중 둘째아들로 120센티의 키에 아직 젖살이 볼에 남아 둥글고 토실한 얼굴의 산골소년이었다. 머리를 집에서 가위로 짧게 깎은 탓인지 바리캉으로 이발한 모양새를 했던 승복이는 아버지를 닮아 키가 작았다. 승복이보다 다섯 살 많은 형 학관(學官)이는 같은 학교 5학년으로 비교적 야윈 체구였지만 키가 한 뼘 가량 더 컸다.

이들 형제가 사는 집은 계방산 중턱이 시작되는 지점에 자리하고 있었다. 학교까지 4킬로미터, 학교는 아랫삼거리 부근에 있었다. 승복이네 집은 윗삼거리에서 2킬로미터 정도 더 올라가야 그의 집이 나온다. 윗삼거리에서 승복이네 집까지는 수레 한 대가 겨우 다닐 만한 좁은 길로 이어졌다. 노동계곡이라 불리던 이곳엔 냇물을 따라 길이 있었다. 냇가의 둑을 따라 길이 나 있어 사람들은 '뚝방길'로 불렀다.

뚝방길이 시작되는 윗삼거리 부근에 집이 너댓 채가 있었다. (사건 당일 승복이 할머니 강순길 씨와 아버지 이석우 씨는 소개령이 내려진 윗집의 이삿짐을 옮겨주고 쉬던 곳이다.) 여기서 한 2킬로미터 정도 구불거리는 길을 따라 오르는 동안 길 양옆으로 드문드문 초가집들이 있었지만 전부 열 채가 안 됐다. 가는 동안 징검다리도 건너야 했고 언제 만들어졌는지 모를 돌다리도 나타난다.

중간쯤 되는 곳에 이르면 길이 크게 왼쪽으로 꺾이면서 오른편 아래로 커다란 밤나무가 서 있었다. 부근에서 거의 유일한 밤나무였다. 이 나무 아래로 제법 규모가 있는 초가지붕이 보인다. 길에서 내려다보이는 집의 모양이 반달을 닮았다고 해서 사람들은 '반월형국 (半月形局) 집'이라 불렀다. 이 집은 승복이의 작은아버지뻘인 이석년 (李錫年) 씨의 집이다.

그는 몇 해 전 세상을 떠났고 그의 부인인 최순옥(崔順玉) 씨가 집안을 돌보았다. 노동계곡의 여러 집들 가운데 가장 큰 집이기도 했다. 승복이나 학관이는 '작은 아주머니'라고 부르며 이 집을 자주 드나들었지만, 밤나무에서 열리는 밤에는 손도 못 대게 하는 바람에 야속한 기억이 남아 있었다. 최순옥 씨는 조카뻘 되는 이 아이들을 귀여워했다.

반월형국 집을 지나 다시 300미터쯤 걸어 올라가면 우측으로 승복이네의 또 다른 친척이라는 이석동 씨 집이 있었고 냇가 건너편으로는 비탈을 깎아 농사를 지으며 살고 있는 가옥이 한 채 있었다. 집이라고 해 봐야 모두가 화전민들이 현지에서 대충 지은 귀틀집이 전부였다. 이석동 씨 집으로부터 승복이네 집까지 가는 동안에는 단두 채가 나온다.

유씨 노인 부부가 산다는, 그래서 '두 노인집'이라는 초가가 나오고 그 위로 '최 씨 집'이 나타난다. 최 씨 집은 승복이네 집에서 가장 가까운 곳에 있어 승복이와 학관이는 이 집을 '앞집'이라 불렀다. 이 앞집 부근의 냇물은 큰 웅덩이를 세 개나 갖고 있는데 언제부터인지 모르지만 사람들은 이 웅덩이를 '형제소(兄弟沼)'라 불렀다. '형제소' 건너편에도 집 한 채가 앉아 있었는데 아이들은 이 집을 '물 건너 집' 이라고 부르곤 했다.

승복이네 집까지 가는 길은 윗삼거리에서 노동계곡을 따라 이어 진 셈인데, "여기서 불어오는 '골바람'은 겨울이면 한층 드세어서 옷을 아무리 껴입고 해도 견디기 어려웠다"고 승복이의 형 학관은 기억한다.

승복이네 집

그렇게 '뚝방길'을 따라 한참을 오르다 최 씨 집을 지나고 작은 언덕을 넘어서면 냇물은 저 아래로 흐르고 길과 냇물 사이는 벼랑같은 비탈로 변한다. 여기서부터 훤한 공터가 나타나는 데 오르막이던 길은 평지가 되면서 오른쪽으로 샛길을 낸다. 그쪽으로 눈길을 주면 승복이네 집이 보이는 것이다. 주변엔 참나무와 소나무, 낙엽송과 잣나무, 전나무 등 침엽수들이 제법 울창하게 자라고 있어 강원도 산지의 전형적인 산림형태를 이루고 있었는데 그중 낙엽송이 가장 큰 키를 자랑하고 있었다고 한다.

계곡의 햇볕은 언제나 인색하다. 금방 해가 기울기 때문이다. 그나마 승복이네 집은 제법 넓은 공터에 지어져 다른 곳보다 햇볕이 오래 머물 수 있는 곳이었다. 주변엔 바람을 막아줄 큰 나무도 별반 없었지만 거북이 등처럼 웅크린 듯 작은 초가지붕이 사람을 포근하게 만들었을 것이다.

작은 초가집 둘레로는 개울에서 옮겨다 놓은 호박돌들로 둥개둥개 쌓아 둘러친 돌담이 나지막하다. 집으로 들어가는 대문은 돌담과 돌담이 만든 공간이 대신하고 있고 그 왼편으로 감나무 한 그루가 비틀거리듯 자라고 있었다. 안으로 들어서면 오른편으로 볏짚을 이어 삿갓처럼 덮어씌운 뒷간이 있고 그 옆으로 거름더미가 모여진 곳은 퇴비장으로 짚풀들이 썩어가고 있다. 인분을 거름으로 사용하기 위한 효율적인 공간 활용이었을 것이다.

집은 그 왼편으로 시작되는데, 전체적으로 직사각형의 모양에 퇴비장 쪽으로 반 칸 정도 튀어나온, 그러니까 미완성된 L자형 모양을 이루고 있었다. 마당을 가로지르면서 집 앞을 지나가면 굴뚝이 보이고 그 옆으로 자두를 닮은 열매를 맺는 쩨나무 한 그루가 마른 몸으로 서 있다. 돌담은 거기서 다시 갈라져 밖으로 나가는 후문 역할을 한다.

다시 이 집이 시작되는 지점으로 돌아와 보자. 퇴비장 맞은 편 부엌에서 튀어나온 곳은 소를 위한 외양간이다. 그곳에 소 한 마리와 닭들이 밤을 보내는 곳이었다. 외양간의 외벽은 거적과 싸릿대로 대충 바람막이를 둘렀는데 마당 쪽으로 소의 오물들이 흘러나와 고이도록 작은 웅덩이가 만들어져 있었다. 거기엔 사람이 빠지지 않도록 넓적한 돌들을 서너 개 가져다 놓아 주변에 둘러 두었다.

외양간을 제외한 직사각형의 초가는 길이가 8미터 채 안됐는데 세 칸으로 나눠져 있었다. 외양간을 보고 나면 가장 먼저 눈에 들어오는 곳이 부엌이고, 그 옆으로 방 두 칸이 나란히 배치된 모양새다. 그러니까 부엌 끝자락에 외양간이 튀어 나온 것이다. 부엌엔 문 대신 거무튀튀한 색깔의 거적을 걸어두었고 평소엔 말아 올려 두었다.

그 안으로는 뒤편으로 나가는 문도 있는데 여기에도 거적문을 쳐두고 바람을 막기 위해 언제나 내려 두었다. 한낮에도 빛이 잘 들어가지 않는 바람에 거적문은 벽처럼 보이기 십상이었다. 이곳으로 나가면 돌담과 마주하고 그 너머로 길이 나 있다. 길을 가로지른다면 냇물이 흐르는 계곡의 절벽이 나오는 것이다.

부엌의 아궁이에서 장작을 때면 연기는 이어지는 두 방의 구들장을 지나 맨 끝 방 외벽에 세워진 굴뚝을 통해 나가게 되어 있다. 부엌의 아궁이가 뻗어간 방향으로 아홉 자(가로 세로 2.7미터) 방이 하나,

일곱 자(가로 세로 2.1미터) 방이 하나가 일자로 붙은 집이었다. 큰 방을 '안방'이라 불렀고 옆방을 '윗방'이라 불렀는데 두 방 사이로는 허리를 숙이면 드나들 만한 문을 내어 서로 통했다. 윗방엔 '실공'이라 부르는 선반이 붙박이 가구처럼 흙벽에 박혀 있었고 일곱 식구들의 옷가지들이 걸려 있었다.

그 방에 승복이 어머니가 시집올 때 가져 왔다는 작은 여닫이함이 모셔지듯이 놓여 있었고 겨울마다 식을 줄 모르는 놋쇠화로가 온기를 흘리고 있었다. 두 방 모두 벽지나 장판은 아예 존재하지 않았다. 그저 짚과 옥수숫대가 삐져나온 채 단단하게 굳은 흙벽과 흙바닥이 전부였고 방바닥엔 갈대를 엮어 만든 돗자리가 여기저기 해어진 채 깔린 것으로 장판을 대신했다. 높지 않은 천장도 부근의 나무를 베어다가 서까래로 올려 쓴 것이 그대로 드러나 있었고 빈틈은 바람을 막기 위해 황토로 마감질한 것이 전부였다. 그 위로는 지붕재료가 되는 갈대를 엮어 하늘을 가렸다. 통나무를 정(井)자 모양으로 귀를 맞추어 쌓아올려서 벽을 만들고 그 위에 갈대로 이은 지붕을 덮은 전형적인 귀틀집인 것이다.

방 두 칸에 일곱 식구

그 무렵 승복이네 집 위로는 두 가구가 더 살고 있었다. 하지만 11월 말이 되자 당국의 소개령이 내려지는 바람에 사람들은 전부 아랫마을로 내려가야 했다. 결국 승복이네 집이 제일 윗집이 되어 버렸다. 승복이네 집에서 윗삼거리 쪽으로 내려가면서부터 '앞집', '두 노인 집', '친척집' 하는 식으로 이웃집들이 하나 둘씩 나타나는 셈이었다.

아버지 이석우의 고향은 강원도 북쪽 어디라고 했다. 분단이 되자 어머니를 모시고 38선을 넘어 평창군으로 들어왔다. 평생 학교나 서당이라고는 가 본 적이 없었던 이석우 씨는 어머니 강 씨를 모시고 머슴살이를 하다가 자기보다 네 살 아래의 주인집 큰딸 주대하(周大河, 34) 씨를 아내로 맞이했다고 한다. 그리고 얼마 후 솔가해서 이곳에 집을 짓고 가정을 꾸린 것이다. 1968년 당시 서른일곱 살이던 이석우 씨는 아내 주대하 씨와의 사이에서 학관(15), 승복(9), 승수(承秀, 7) 그리고 막내딸 승자(承子, 4) 등 3남 1녀를 키우고 살았다.

승복이 형제는 사이가 좋았을까. 이학관은 이렇게 말한다.

"좋든 싫든 같이 다녔습니다. 재미로 한 것이 아니라 먹을 것이 부족했으니까 살기 위해 같이 다녔던 거지요. 산돼지를 만나건 뱀을 만나건 무섭다는 개념도 없었습니다. 그러니까 한밤중에 쏘다녀도 그저 그런 가 했습니다. 양동이가 하나 있었는데 그건 냇가에 내려가 물을 길어 오는 용도로 썼습니다. 겨울 한밤중에도 제가 하거나 승복이가 물을 길어 왔어요. 캄캄한 밤이라도 무서워한 적이 없었습니다. 요즘 아이들은 귀신영화를 보고 무서워하는 데 저희에게는 그런 이야기를 들어보거나 영화를 본 적도 없었으니까요. 텔레비전은 고사하고 라디오나 신문도 없었거든요. 자동차를 1년에 한두 번 구경하는 게 전부였고 몇 년에 한 번 버스를 탄 기억만 있었습니다. 반면에 비행기는 좀 자주 봤지요. 하늘로 날아다니니까요. 집에서 저보다 더 글을 잘 읽고 쓸 줄 알았던 승복이를 통해서 학교에서 들은 이야기를 전해 듣는 것이 신문 방송의 대용이었지요."

그해 겨울 12월이 접어들자 승복이는 저녁식사를 하는 자리에서 학교에서 들은 이야기를 가족들에게 해 주었다.

"사건이 나던 12월 9일로부터 한 일주일쯤 전이었습니다. 승복이가 학교에서 오더니 선생님한테서 들었다며 무장공비가 일가족을 몰살했다는 이야기를 하더군요. 우리는 그때까지 공비가 무엇인지도 몰랐습니다. 군인들도 본 적이 없었거든요"

승복이의 가족들이 무장공비가 침투했다는 사실을 처음 알게 된

때였다. 이학관은 그 말을 들으면서 군인이나 공산당이 어떻게 생겼는지 기억하려 했지만 도무지 알 수가 없었다고 한다. 12월 9일은 승복이의 양력 생일이었다. 그날이 다가오는 중이었다.

2장
운명의 그날

생일

12월 9일 오후, 승복이는 여느 때와 다름없이 학교를 다녀왔다. 양력으로 그가 태어난 생일이었고 식구들이 이 사실을 다 알고는 있었지만 별다른 준비도 없었다고 한다.

그날 오후 학관은 옥수숫대를 걷어 마당에 쌓고 있었다. 어머니 주대하 씨는 부엌에서 메주콩을 삶았다. 승복이는 뛰어 놀다 해질 무렵 방으로 들어왔다. 아버지 이석우 씨는 지게를 메고 그의 어머니 강 씨와 함께 현재 '윗삼거리' 아랫동네로 내려갔다. 공비 출몰로 소개(疏開)명령을 받은 이웃 강환기(姜煥起) 씨의 이삿짐을 '윗삼거리'

로 날라주기 위해서였다. 짐을 다 옮긴 이석우 씨는 동네 주민 유경상(劉景相) 씨, 최재복 씨, 강세혁 씨, 강환기 씨 등과 함께 술을 받아 마시고 있었다. 이들은 이석우 씨와 비슷한 연배들이었다.

산으로 둘러싸인 승복이의 집은 해가 일찍 떨어졌다. 황토 흙바닥에 갈대 돗자리를 깔아 둔 방에서 그날 저녁상을 물린 이 집 식구들은 제각기 할 일을 찾았다. 어머니는 윗방에서 삶은 콩으로 메주를 쑤고 있었고 안방에서는 어린 승수와 승자가 나란히 누워 잠에 빠져들었다.

승복이는 아랫방 방문 가까이 놓인 책상 앞에 앉아 등잔불을 켠 채 숙제를 하고 있었다. 아버지 이석우 씨는 큰아들 학관이가 학교를 다니자 손수 앉은뱅이책상을 만들어 주었다. 나중에는 승복이가 가장 많이 쓰고 있었다. 학관은 안방 방문 맞은편 벽에 기대 앉아 옥수수알을 까고 있었다. 그가 앉은 자리는 윗방으로 통하는 쪽문이 열려 있어 어머니도 볼 수 있는 자리였다.

바로 그때 밖에서 인기척이 났다. 학관 군은 밖이 캄캄했고 저녁식사를 마친 직후였기 때문에 오후 6시경이었을 것으로 추정하고 있었다. 아버지라면 항상 헛기침을 하는데 이번 인기척은 좀 이상했다는 것이다.

"방문을 열었더니 밖은 어둠뿐이었고 안개가 자욱했어요. 두 번이나 '누구세요?' 하고 소리쳤지요. 몇 명이 서 있는 것 같았습니다. '누구신지 들어오세요'라고 말했습니다. 무서움 같은 건 없었습니다. 도둑이 들어오더라도 가져갈 게 뭐 있어야지요. 그런데 안개 속에서 군복 같은 옷을 입은 남자들이 총을 들고 나타났어요. 무장공비가 뭔지도 몰랐던 저는 그저 '군인이구나'라고 생각했습니다. 며칠 전에 우리 동네로 총들고 다니던 사람들이 군인이라 하니까, 그날 밤에 우리 집에 나타난 사람들도 그런가 보다 하고 있었던 겁니다."

"북한이 좋니, 남한이 좋니?"

그 사람들은 성큼성큼 걸어오더니 신발도 벗지 않은 채 방으로 발을 들여 놓았다고 한다. 어머니가 메주콩을 밟던 윗방으로 두 명이, 안방으로 세 명이 들어왔다.

  "나는 처음 겪는 일이라 멍하니 내 자리로 돌아와 윗방을 보았습니다. 어머니도 군인인 줄 안 모양입니다. 윗방에 들어온 공비 두 명은 문턱에 가만히 서 있었습니다. 어머니가 '앉으시오.'라고 했어요. 그들 중 하나가 '이거 신발을 벗지 않아도 되겠소?'라고 말했어요. 어머니는 대수롭지 않은 듯이 메주콩을 계속 밟으면서 '촌에서 다 그렇지요. 뭐.'라고 말했던 게 생각납니다."

"아, 이거 뭐 하는 거요?"

공비가 메주 쑤는 걸 묻고 있었다.

어머니는 계속해서 삶은 콩을 발로 으깨면서 대답한다.

"아, 우리나라 사람이 이게 뭔지 몰라요? 메주지."

"이거 먹어도 되나?"

몹시 먹고 싶다는 듯한 음성이었다. 어머니는 개의치 않고 "그러셔"라고 말했다. 그러자 그 방에서는 두 사내가 걸신들린 듯 삶은 콩을 두 손으로 입에 퍼 넣기 시작했다. 학관은 이 광경을 보면서 눈길을 자신이 앉은 방안의 사내들에게 돌렸다.

"나는 안심하고 벽에 기대앉았습니다. 아랫방으로 들어온 세 남자는 연신 방안을 두리번거리더니 총을 든 한 명이 제 옆으로 다가와 무릎을 구부리고 앉더군요. 제 옆으로는 옥수수들이 매달려 있었습니다. 다른 한 명은 문 가까이 서 있었고. 맨 뒤에 들어온 공비는 승복이가 숙제하던 책상 옆에 바짝 붙어 앉아 승복이에게 관심을 보이고 있었습니다.

그러고서 얼마 안 지났지요. 승복이 곁에 앉은 놈이 승복이가 보고 있던 책장을 넘겨보더니 말을 걸었습니다. 뭐라고 몇 마디 하는 것 같더니 갑자기 승복이가 쥐고 있던 연필을 잡으며 '너, 이 연필이

어디서 났나? 하는 거예요. 승복이는 말을 똑부러지게 잘하는 편이 었습니다. 그날도 그랬지요. '샀어요'라고 대답했습니다.

그러니까 그 공비가 이번에는 '공책은?' 하고 물어요. '이것도 샀어요'라고 대답하는데 승복이는 처음부터 이 사람들에게 불만스러운 것 같았습니다. 하긴 승복이 성격에 남의 집에 신발도 안 벗고 불쑥 들어오면 화를 냈을 겁니다. 저는 그렇게 까지는 분별을 하지 않았지만 승복이는 안 그랬거든요. 승복이와 몇 마디 말이 더 오갔지요. 그러다가 그 공비가 '야, 너는 북한이 좋니, 남한이 좋니?' 하고 물어요. 승복이는 학교에서 배운 대로 이야기한 것이겠지요. 서슴없이 '우리는 북한은 싫어요. 공산당은 싫어요!'라고 말했습니다. 그 말이 끝나는 것과 동시에 바로 그 공비가 '야!' 하고 고함을 지르면서 승복이의 멱살을 잡아 번쩍 들어 올렸습니다.

순간 저는 자리에서 일어서려 엉거주춤했는데 제 옆에 앉아 있던 공비가 개머리판으로 어깨를 찍어 내렸습니다. 털썩 주저앉으며 보았더니 멱살에 잡혀 버둥거리는 승복이에게 문 가까이 서 있던 공비가 칼을 뽑아 들고 승복이에게 다가서면서 입 속으로 칼을 쑤셔 박았어요. 나중에 들은 이야기로는 죽은 승복이 입이 오른쪽 귀까지 찢어졌다고 합니다."

학살

"아-악!"

승복이의 외마디 비명 소리. 난자한 피. 이때 형 학관은 자기 옆에 있던 공비와 동생에게 칼부림을 한 공비를 있는 힘을 다해 밀쳤다고 한다. 기습을 받아 쓰러진 공비들은 재빨리 일어나면서 옆에 섰던 공비와 가세해 세 명이 학관에게 달려들었다.

그들 모두 대검으로 학관이를 찔러대기 시작했다. 난생처음 맞닥뜨린 거대한 힘 앞에 학관은 최대한 몸을 웅크려 복부를 보호하고 손바닥으로는 머리를 막으려는 생존본능만이 남아 있었다. 깊숙이 들어오는 칼날들이 그의 온 몸을 무차별하게 찔렀다. 머리를 감싼 손등이라고 해서 예외는 없었다. 등잔불에 비친 그 방의 그림자들이 기괴한 동작을 보여 주고 있었다.

"피가 온 방에 뿌려지고 저와 제 동생이 죽는다고 고함지르고, 바로 옆방에서는 어머니가 '악! 사람 살려' 외치고…… 동시에 터졌습니다. 그러자 잠자던 어린 두 동생들도 깨어나 울부짖기 시작했어요. 나는 엎드린 채 온 몸으로 칼을 받아내고 있었지요. 그 틈에도 저는 공비 중 한 놈이 동생들에게 무슨 짓을 하는지 똑똑히 볼 수 있었습니다.

그놈은 '이건 또 뭐이야?' 하더니 막내 승자의 두 다리를 한 손으로 번쩍 잡아 거꾸로 들어 올렸습니다. 그러고는 …… 벽에다 머리를 …… 패대기를 쳤어요. 영양실조에 걸려 배가 나왔던 셋째동생도 같은 방법으로 패대기쳤어요. 그리고는 순식간에 동생들이 조용해졌습니다."

수없이 칼에 찔렸으면서 이학관은 의식은 순간순간 명료하게 돌아와 잔혹한 장면들을 기억 속에 저장했다. 그는 공비들에 의해 자신이 밖으로 옮겨지고 있음을 알게 됐고, 잠시 후에 마당 한쪽에 있던 거름더미의 퇴비장으로 자신이 던져지는 걸 느낄 수 있었다.

"처음에는 똑바로 누워 있는 모양이었어요. 그런데 제가 이런 상태로 다시 칼을 맞으면 죽을 것 같았습니다. 그들이 방으로 들락거리는 사이에 슬그머니 엎드렸습니다."

그 시각, 아버지 이석우 씨는 '윗삼거리'의 강환기 씨 집에서 친구들과 술을 마시다 갑자기 벌떡 일어났다. 함께 술을 마셨던 유경상(劉景相) 씨의 증언을 들어보자.

"그날 이석우는 술을 마시다 말고 갑자기 '기분이 이상하다'며 가겠다는 겁니다. 우리들은 말렸지만 굳이 가겠다는 거예요. 그러면서 할머니더러 '주무시고 내일 올라오세요'라면서 지게를 둘러메고 부리나케 길을 나섰어요. 한 7시쯤 되었을 겁니다."

다시 이학관의 증언이다.

"저는 퇴비장의 거름더미에 엎어져 있었지요. 온 몸이 칼에 찔려 살아 있다는 생각도 안 들었습니다. 그런데 환영(幻影)이겠지만요, 하얀 할아버지가 나를 확 감싸면서 '아직은 엎어져 있거라. 죽은 척하고 엎어져 있거라' 하는 말이 들리는 거예요. 그 환영이 저를 지켜주었다고 지금도 믿습니다. 한참을 그렇게 누워 있는데 발자국 소리가 들려요. 헛기침 소리도 똑똑히 들었습니다. 아버지였어요. 일어나려 해도 몸이 움직여지지 않았지만 그 할아버지가 아직도 내 위에 있는 것도 같았습니다. 나는 귀만 쫑긋하게 세우고 있었지요."

격투

이석우 씨는 2014년 8월에 노환으로 세상을 떠났지만 그는 이 사건 이후 평생 정신질환을 앓아야 했다. 그가 사건 직후 병원에서 아들 학관에게 들려준 이야기가 남아 있어 당시 상황을 재구성할 수 있게 해 준다.

그날 밤 불안감에 휩싸인 채 집으로 올라왔던 이석우 씨는 적막한 어둠속의 집으로 다가설수록 이상한 느낌을 가졌다고 한다. 무엇보다 등잔불이 전부 꺼져 있었기 때문이었다. 그래서 그는 일부러 헛기침을 크게 몇 번씩이나 하며 한 걸음씩 옮겼다. 집을 감싼 돌담을 지나 마당으로 들어서자 웬 사내들이 어둠 속에서 나타났다.

이때 퇴비장에서 엎드려 있던 이학관은 "누구야?" 하고 소리치는 아버지의 음성을 들었다고 한다. 공비 중 한 놈이 "아, 이제 오시오? 방에 들어갑시다"라고 응수하자 아버지도 "들어갑시다"라며 방으로 가더란 것이다.

지게를 벗지도 않은 채로 이석우 씨가 앞장선 채 안방으로 향했다. 뒤에는 몇 명인지 모를 사내들이 그를 둘러싼 채 방으로 몰고 있는 것이다. 이석우 씨가 닫혀 있는 방문을 잡아 여는 순간 방안의 어둠은 코를 찌르는 피비린내로 둔갑한 채 이석우 씨에게 덮쳐왔다. 그의 생존본능은 피하라고 알려주고 있었다. 이석우 씨는 돌연 양손으로 기둥을 꽉 잡았다. 순간 뒤에 섰던 사내가 이석우 씨를 강하게 밀어붙였다. 이석우 씨의 힘이 버텨내자 이번에는 그의 지게를 잡아 당겼다. 이석우 씨는 지게가 당겨지는 대로 상체가 따라 움직이게 됐다. 그러면서 사내와 얼굴이 마주쳤다. 비로소 이석우 씨는 이들이 사람들을 함부로 죽인다는 무장공비란 사실을 알아차렸다.

"공비들이 지게를 계속 잡아당기자 아버지는 지게를 벗어버렸다고 합니다. 그러면서 공비들이 아버지를 방안으로 밀어 넣으려 달려

들기 시작하니까 아버지는 이들을 뿌리치고 부엌으로 뛰어 들어갔는데 그 안에도 공비 몇 명이 있더라는 거지요. 처음에 아버지는 이들이 잡아 넘어뜨리는 바람에 바닥에 깔렸다고 합니다. 아버지 위로 한 놈이 깔고 앉았는데 아버지는 있는 힘을 다해 그 자세를 뒤집었다고 해요. 다가오는 두 놈도 힘껏 밀어붙여 넘어뜨렸다지요. 그리고 부엌에서 뒷문으로 쳐 둔 거적문을 밀치고 뛰쳐나와 돌담을 넘었던 겁니다. 담을 뛰어넘을 때 칼에 오른쪽 대퇴부가 찔려 절뚝거리면서도 계속 도망을 쳤답니다."

퇴비장에 엎드려 있던 이학관도 아버지가 담을 넘어 도망가는 소리를 들었다.

"제 기억에 아버지는 '사람살려!' 하는 소리를 딱 세 번 외쳤습니다."

담을 넘은 이석우 씨는 공비들이 쫓아올까봐 길을 따라 가지 않고 높이 7미터 가량 되는 벼랑 아래로 몸을 던졌다. 어둠 속을 헤집으며 냇가를 건넌 이석우 씨는 '물 건너 집'으로 달려 가 사람들을 깨워 피하라고 알린 뒤 자신은 계곡을 따라 윗삼거리 쪽으로 내달렸다.

그러는 사이 거름더미에 쓰러져 있던 이학관은 이 모든 소리를 놓치지 않고 듣고 있었다.

"아버지의 도망가는 소리가 들렸습니다. 다행이라고 생각되더군요. 몇 명이 뒤따라가는 소리도 들었습니다. 처음에 방에 들어온 공비들이 다섯 명이었는데 거름더미로 끌려 나오면서 얼른 보니 두 명 정도가 더 있었습니다. 그보다 더 많이 숨어 있는지 알 수는 없었지요. 아마도 이들은 밖에서 경계를 하고 있던 모양입니다."

당시 이학관은 그 집 마당에서 오가던 모든 대화를 기억했다.

이석우 씨를 뒤쫓던 공비들은 계곡을 만나자 더 이상 쫓는 것을 포기한 채 돌아왔다. 마당에서 이들을 기다리던 공비 한 명이 소리쳤다.

"이 천치 같은 노무 새끼들. 세 명이 하나도 못 해치우고 말이야……. 빨리 해가지고 가자!"

그 직후부터 부엌에서 솥뚜껑 여닫는 소리, 방안을 뒤지는 소리, 닭장에서 닭 잡는 소리가 요란하게 들렸다. 이학관의 기억 속에 가장 오래도록 남은 소리는 닭 소리였다. 공비들에게 붙잡힌 닭들은 계속해서 퍼덕거리며 울어댔다. 이 소리가 적막 속으로 사라진 것은 대략 5분쯤 지나서였을 것이라고 이학관은 말한다. 하지만 그것은 순전히 주관적인 시간이었을 것이다. 식량을 어느 정도 확보했다고 판단한 공비들은 계방산 정상 쪽으로 도망갔다. 비로소 사방이 적막 속으로 녹아드는 것이다.

"조용하길래 비로소 몸을 움직일 수 있겠다 싶었지요. 퇴비장 거름더미를 헤치고 일어나는데 오른손에 뭔가 물컹한 게 잡혀요. 어머니였습니다. 흔들어 보았는데도 꿈쩍도 않더군요."

캄캄해서 아무 것도 보이지 않으니 어머니 상태가 어떤지도 잘 몰랐고 알고 싶지도 않았을 것이다.

"저는 그때 입으로 피가 컥컥거리며 나왔고 숨도 가빴습니다. 제 몸이 어떤지도 몰랐지요."

반월형국 집으로 탈출

가장 가까운 '아랫집'은 30여 미터 밑에 있었다. 사랑채와 안채가 있었는데 당시 안채는 비어 있었고 사랑채에만 노인 부부가 살고 있었다. 보다 높은 고지대 산 위에서 공비때문에 내려와 잠시 머물던 노인들이었다.

"기어서 갔는지 걸어서 갔는지 기억에 없습니다. 아랫집에 가니 깜깜해요. 다 자는 겁니다. 방문을 열고 기어 들어가서 자는 노인들을 깨웠지요. 살려달라고 하면서요. 노인 부부는 놀라 일어나더니 외양간으로 가서는 소를 끌고 나오고 방안에서는 가재도구를 챙기는가 싶더니 저를 그냥 둔 채로 아랫마을로 휑하니 도망을 가는 겁니다."

이학관은 끙끙 앓는 소리를 내 가며 이들의 뒤를 따라 다음 집으로 내려갔다. 이렇게 세 집을 들러 사람들을 깨웠으나 여기서도 마찬가지. 이들은 하나같이 짐을 챙긴 뒤 아랫마을로 앞서 내려갔다. 모두 경황이 없는 상황이었고 어둠 속에서 학관이가 얼마나 심각한 부상을 입었는지 알 수 없어서 벌어진 해프닝이었을 것이다. 이학관은 간신히 이들 뒤를 따라갔다.

숨 쉴 때마다 피를 컥컥 쏟으면서도 이학관은 포기하지 않았다. 그는 그런 식으로 걸어서 1킬로미터 가까이 떨어진 '반월형국 집'에 도착할 수 있었다. 작은 아주머니 최순옥 씨가 살고 있어서 다른 이웃보다는 도움을 확실하게 받게 될 것이란 희망도 있었다고 한다. 밤하늘엔 별이 총총히 박혀 있었다. 그는 가슴팍에서 품어 나오던 피가 덜 흐른다고 느꼈다. 추워서 얼었기 때문이었을 것이다. 아름드리 밤나무 아래의 반월형국 집으로 들어서자 방마다 불이 켜져 있고 먼저 내려온 사람들이 안에 들어와 있음을 알게 됐다. 이학관은 부엌과 붙어 있는 아랫방 문을 열고 "아주머니 살려주세요"라며 엉금엉금 기어서 들어갔다.

(사건 발생 후 30년 뒤인 1998년 9월에 만난 최순옥 씨는 당시의 일을 소상하게 기억해 냈다. 그녀의 증언을 토대로 복원해 본다)

최순옥 씨는 방문이 벌컥 열리더니 학관이가 방으로 엉금엉금 기어 들어오는데 전신이 피투성이였음을 보게 된다. 놀란 그녀가 얼른 그를 끌어안았다.

"끌어당겨 보니까 세상에, 숨이 입으로 안 나오고 등으로 컥컥 나오는 거예요. 숨을 내쉴 때마다 등에서 핏덩어리가 불쑥 불쑥 움직였어요. 머리는 피칠을 해가지고 꼭 닭벼슬처럼 돼 있고, 하여간 형편이 없었지요. 손도 칼로 아주 난도질을 해 놨어요."

그녀는 우선 피를 막아야겠다고 생각되어 급한 김에 이불 호청을 뜯어 솜을 꺼냈다. 피에 젖어 꽁꽁 얼어붙은 옷을 벗긴 다음 이불솜으로 되는 대로 갖다 막았다. 그리고 옷가지를 찢어 붕대로 사용했다. 그 다음엔 바들바들 떨고 있는 학관이를 위해서 입지 않던 남자 옷가지를 죄다 끌어다 학관이에게 입혔다고 한다.

"아이를 따뜻하게 해 주면서 '왜서 이렇노?' 하고 물었더니, '군인들이 왔어요' 하는 거예요. '어떻게 됐노, 아이들은?' 하고 걱정이 돼서 물었지요. 그랬더니 학관이가 '다 죽었지요. 묻지 마요 …… 하얀 할아버지가 날 안고 퇴비장에 눕히고 …… 물, 물, 물 좀 주세요' 하는 겁니다.

그러자 퍼뜩 승복이가 떠올랐어요. 갸는 다른 아이들에 비해 똑똑하고 총기가 있었기 때문에 살아 있지 않을까 해서지요. '승복이는 어떻게 됐노?' 하고 학관이에게 물었더니 '죽었어요. 나는 안 그랬는데, 갸는 공산당이 싫다고 해서 칼로 찔려서 죽었을 거예요'라고 했어요. 입에 칼을 쑤셔 넣었다는 말을 했는지는 잘 기억나지 않지만 이 말은 분명히 했어요. 그때 나는 '죽은 애는 죽어도 너는 살아야지……'라며 학관이를 부둥켜안고 울었지요."

당시 이학관은 동생이 외친 "공산당이 싫어요!"라는 말이 그렇게 큰 의미가 있는 말일 줄 알 수 없었다. 이학관 씨의 증언이다.

"학교도 제대로 안 다니면서 군인과 공비조차 구별하지 못한 나는 동생이 한 말이 무슨 의미인지 알 수 없었습니다. 그저 제가 본 대로 그 말 때문에 동생이 칼에 입이 찔려 죽었다는 것뿐이었지요. 그 말이 그토록 중요했다면 저는 숨이 붙어 있는 한 모든 사람들에게 말했을 겁니다. 지금도 그렇지만 최 씨 아주머니에게 그렇게 말했는지조차 가물거릴 정도입니다. 아주머니가 그렇게 회고해 주시니까 그런가 보다 하지요."

신고

한편, 오른쪽 대퇴부에 부상을 입고 탈출한 아버지 이석우 씨는 계곡을 따라 2킬로미터 가량을 도망쳐 윗삼거리의 강환기 씨 집에 도착했다. 이석우 씨가 다시 나타났을 때를 기억하는 사람들 가운데 30년 뒤인 1998년 당시 필자가 만날 수 있었던 사람들은 강환기 씨, 유경상 씨, 강세혁 씨 등이 있었다. 이들 중 유경상 씨의 이야기를 따라가 본다.

"이석우가 집에 간 뒤 한 시간이 지났을까, 갑자기 방문이 벌컥 열리더니 숨을 몰아쉬면서 '나, 여기 칼 맞았다'고 하는 겁니다. 술을 마시던 우리들은 거짓말로 알았습니다. 산골에서 사건이라 해 봐야 뭐 있겠습니까. 다들 순하기 그지없어 싸움질도 모르고 살던 사람들입니다. 그런데 칼부림이라니까 다들 안 믿었지요.

우리는 술을 계속 마시면서 '장난치지 말고 이리 와 술이나 마셔'라고 했지요. 그랬더니 이석우가 '간첩한테 맞았다'고 하는 겁니다. 우리들은 그제서야 놀라 '사실대로 말해보라'고 하며 돌아앉았지요."

함께 있었던 강환기 씨는 이런 이야기도 기억해 냈다.

"이석우는 그날 우리 집에 머물고 있던 할머니 강 씨에게 화를 막 냈습니다. '어머니, 손자 하나라도 데리고 왔으면 안 죽였을 것 아닙니까!' 하면서 고래고래 고함을 쳤어요."

상황이 긴박하다는 것을 알아차린 유경상 씨가 자리에서 벌떡 일어났다. 베트남전쟁에도 참전했던 그가 신고를 하기 위해 일어난 것이다. 그러나 윗삼거리에서 가장 가까운 용전리 지서까지는 약 18킬로미터나 되었다. 류씨는 20리쯤 떨어진 속사 삼거리까지 캄캄한 밤길을 달렸다. 삼거리에 도착할 무렵 거기서 친구 김기운 씨를 발견한 유씨는 이 사실을 말했고 김기운 씨는 부근의 양조장 트럭 한 대를 몰고 나와 용전리 지서로 달려가 신고했다. 유경상 씨는 다시 윗삼거리 쪽으로 걸어 올라가기 시작했다.

용전리(龍田里) 지서 주임

다음은 당시 용전리 지서 주임 하일(河逸) 씨의 증언이다.

"신고를 받은 것이 저녁 10시쯤이었습니다. 너무 큰 사건이라 지금도 생생하게 기억합니다만, 신고 내용은 '공비가 와서 이석우 씨 집 가족을 전부 죽였다. 이씨가 칼에 맞았다'는 내용이었습니다. 공비들은 4~5명 가량 되었다고 합니다. 학관이가 살아 있다는 이야기는 나중에 현장에서 알게 되었지요."

하 주임은 예비군들을 소집했다. 그는 트럭으로 이동하면서 도로로 나오는 예비군들을 차에 실어가며 윗삼거리까지 갔다. 도중에 걸어 올라가던 유경상 씨를 태웠다. 예비군은 약 30여 명 정도였다.

"윗삼거리에 도착하니 안개가 자욱했습니다. 일단 이석우 씨를 찾으려는데 부락 사람들이 '이석우 아들이 칼에 맞아 반월형국 집에 있다'고 하길래 올라갔지요."

거기서 하 주임은 피투성이가 된 채 비스듬히 누워 있는 소년 이학관을 처음 보게 된다.

"너 누구냐?"

"이석우 아들입니다."

거의 다 죽어가는 음성이었다.

"우선 좀 일어나 보자"

소년을 일으켜 앉히던 하 주임은 놀라서 자신의 가슴이 덜컹 내려앉는 충격을 받았다고 한다.

"아이가 검은 점퍼 같은 걸 입고 있었는데 내가 손으로 등을 받치면서 일으켜 세우려다 보니 등에 뭔가가 물컹거리는 겁니다. 그게 전부 피였던 거지요."

하 주임은 일단 급한 정보부터 들어야겠다는 생각에 "나한테 빨리 얘기해봐"라고 했다. 이학관은 "이제 다 갔을 텐데요"라고 체념한 듯하더니 가쁜 숨을 몰아쉬면서 띄엄띄엄 사건의 전말을 말하더란 것이다.

이때 하 주임은 이학관으로부터 동생 승복이가 무슨 말을 했다는 소리는 들어보지 못했다고 분명히 말했다. 이에 대해 이학관은 "그게 그렇게 중요한 말인지도 몰랐으니 그럴 수밖에 없지 않았느냐?"고 반문했다.

1968년 12월 10일 오전 2시경까지 현장 부근에서는 이승복 군이 했던 "나는 공산당이 싫어요!"라는 말과 관련해서 30년 뒤인 1998년 9월 무렵에는 생존자 이학관과 이학관으로부터 전해들은 최순옥 두 사람이 확인되고 있었다.

울진·삼척 무장공비 토벌작전은 1968년 11월 3일부터 12월 28일까지 55일간에 걸쳐 울진·삼척·태백산·오대산 일대에서 벌어졌다. 이 기간 중 국군은 공비 107명을 사살하고 7명을 생포했으며 6명이 도주했으나 휴전선을 넘지 못한 채 사망해 120명 전원 일망타진한 셈이었다. 그 과정에서 국군과 경찰 및 미군 등 52명이 전사했고 민간인 30명이 목숨을 잃었다. 부상자도 67명(미군 1명, 민간인 9명 포함)이나 발생했다. 이승복 군의 형 이학관 씨와 아버지 이석우 씨가 목숨을 건져 부상자에 포함됐다.

3장
특종보도

현장

하 주임이 이끄는 예비군 소대는 반월형국 집 부근에서 더 이상 전진하지 못하고 경계에 들어갔다. 이학관은 예비군들에게 의해 급조된 들것으로 아래 삼거리까지 옮겨져 예비군들이 타고 온 트럭에 실렸다. 아버지 이석우 씨도 이때 처음 큰아들이 생존해 있음을 알게 된다. 이들 부자는 그 길로 용전리 지서까지 옮겨졌다. 이학관 씨는 이때가 대략 새벽 4시에서 5시 사이라고 기억한다. 그가 '반월형국 집'에서 머문 시간은 최소 6시간에서 최대 8시간이었던 셈이다.

"용전리 지서에 가서도 무슨 옥시풀 같은 약을 상처에 들이붓다시

피 하면서 이것저것 경찰관 같은 사람들이 말을 시켰습니다. 아파
죽겠는데 무슨 질문들이 그렇게 많나 하는 생각으로 주섬주섬 아무
이야기나 했지만 방금 한 이야기가 기억에 안 남을 정도였습니다.
아마도 사람들이 정신을 잃지 않게 하려고 그렇게 한 게 아닌가 생
각됩니다. 그리고는 진부면으로 넘어가 진부의원에 잠시 머물다가
오전 8시쯤 육군 헬리콥터에 실렸지요.

헬리콥터 안에서 아버지는 나를 꼭 안고, 자지 말라며 고래고래
고함을 쳤습니다. 그런데 나는 잠이 쏟아지는 겁니다. 의식이 점점
희미해져 간 것이지요. 아버가 '자면 죽는다 이놈아!' 하면서 야단치
는 모습이 희미하더니 그 뒤부터는 기억이 없어요."

이학관 씨가 의식을 차린 곳은 원주 육군병원 중환자실. 군의관이
"3일 만에 깨어났다"고 해서 그런 줄로만 알고 있다고 이학관 씨는
기억한다.

다시 사건 현장으로 돌아가 최순옥 할머니의 증언을 들어보자.

"예비군들이 학관이를 들것에 담아 내려간 후 얼마 안 있어 대관
령서 왔다는 군인들이 올라왔는데 이 치들도 무서워서 현장에는 못
올라갔어요. 우리집 부근에서 횃불을 켜고 여기저기서 있었습니다.
좀 더 있으니까 공수부대라던가, 특수부대라던가 하는 치들이 올라
왔어요. 아주 큰 개(軍犬) 두 마리를 끌고 와서는 우리들 보고 '그 집

을 가르쳐 주실 수 없습니까?'라고 했어요. 남자들은 아무도 따라 나서지 않아서 내가 군인들을 안내했지요."

공수부대의 선두에서 길 안내를 했다는 최순옥 씨는 현장에 도착한 뒤 군견의 도움을 받아 시신을 발견했다고 한다. 가장 먼저 발견된 것은 어머니 주대하(周大河) 씨였고 아이들은 퇴비장 반대편에 고여 있는 소 분뇨 속에 내던져져 옥수숫대로 덮여 있었다고 한다.

군인들은 세 아이의 시신을 하나씩 마당으로 옮겨 와 어머니 주대하 씨의 시신 옆으로 가지런히 눕혔다. 현재까지 사진으로 남아 있는 이승복 가족의 시신 사진은 이때의 모습을 촬영한 것이다. 이어지는 그녀의 증언.

"어린 애들은 머리 뒤통수가 물렁물렁했어요. 승수도 머리가 깨졌고 얼굴에는 거름들이 묻어 있어 손으로 이걸 다 털어내 주었어요.

그런데 승복이 시체를 보니 그 애는 입가가 다 찢어지고 팔이 한 군데 찔려 있었어요. 입이 귀 밑에까지 째졌는데 피는 별로 안 나와요. 다 흘러버렸는지……. 머리를 받쳐 세우니까 턱이 이렇게 툭 떨어지는 거예요. 입이 째졌으니 턱이 내려앉을 수밖에 없잖아요. 안 되겠다 싶어 헝겊이나 천을 가지러 방에 들어갔지요. 그 방도 세상에, 피로 칠갑이 되어 있잖아요."

승복이의 사인(死因)은 입의 절개가 아니라 두개골 함몰이었을 것으로 보인다. 왜냐하면 1982년 10월 25일 횡계리에 매장되어 있던 승복군의 유골을 지금의 평창군 이승복기념관 묘역으로 이장하는 데 참여했던 김창규(金昌奎) 씨의 증언에 따르면 이승복의 두개골 후두부가 세 조각이 나 있었기 때문이다.

"왜 입이 째졌을까요?"

그녀는 마당에 돗자리를 깔고 주대하 씨의 시신을 먼저 눕히고 그다음으로 승자, 승수, 승복을 차례대로 눕혔다. 마당에는 군인, 예비군, 전투경찰 등이 곳곳에 배치되기 시작했고 그들은 시신을 흘끔흘끔 곁눈질하며 보고 있었다.

시체를 정돈한 그녀는 승복이 앞에서 오열을 터뜨리며 이런 말을 했다고 한다.

"아이고 악독한 놈들…… 저희도 사람인데, 어떻게 이렇게 입을 찢었노……."

그때 그녀 옆에서 시신을 지켜보던 한 장교가 다가오더니 그녀에게 질문을 했다.

"그런데 왜 입이 째졌을까요?"

그녀는 울면서 "우리 큰아이가 왔는데…… 야가 공산당이 싫다고 하기에 입을 이렇게 찢었대요"라고 말했다.

승복이가 "공산당이 싫어요!"라는 말 때문에 입이 찢어져 죽었다는 사실은 이렇게 최순옥 씨에 의해 여러 사람들에게 처음으로 발설되었다. 그러나 이 과정은 그 후 30년간 아무도 확인과 기록을 하지 않는 바람에 조작론의 소문을 만들어내게 된다.

1968년 12월 10일 정오 무렵 현장에 가장 먼저 도착한 『조선일보』 강인원(姜仁遠) 기자는 취재 도중 주변 사람들로부터 이 말을 듣고 기사화할 수 있었다. 『조선일보』는 12월 11일자 3면에 이 사건을 「"共産黨(공산당)이 싫어요" 어린 抗拒(항거) 입 찢어」라는 제목의 기사로 다뤘다.

그녀가 이 말을 했을 당시 주변엔 군인들과 예비군들이 많았다고 한다. 그들이 이 이야기를 들었을 것이란 얘기다.

그녀는 헝겊을 가늘게 찢어 만든 끈으로 승복이의 머리를 한 바퀴 둘렀다고 한다.

"죽어서 귀신이 되더라도 턱도 없이 댕기면 무슨 꼴이래요? 그래서 헝겊을 가늘게 찢어 턱을 둘러 한 바퀴 감아 주었어요. 머리 위로 매듭을 이렇게 이렇게 두 번 지어 주었지요."

그녀는 흰색 헝겊으로 감았을 것이라고 했으나 현재 남아 있는 사진에는 흰 천은 찾을 수 없고 승복군의 머리에 띠가 둘러졌던 흔적 같은 것을 보인다. 최순옥 씨는 그날 해가 뜬 뒤 일단 집으로 돌아왔다고 한다. 그 직후 현장을 올라간 사람은 강환기 씨(80)와 그의 친형 강주서 씨(작고) 그리고 박문하 씨(작고) 등이었다. 강환기 씨는 최순옥 씨가 시체수습에 참여했다는 사실조차 지금까지 모르고 있었다. 기자가 시체 상태를 묻자 "승복이는 얼굴이 비교적 깨끗했는데 멀찌감치 떨어져 보았기 때문에 입이 어떻게 됐는지는 볼 수 없었다"고 했다.

이들이 산을 내려온 것은 오전 10시가 좀 지나서였고 이 시간에 현장을 올랐던 사람은 지서주임 하일 씨. "이미 시체는 수습해 놓았는데 그때는 승복인지 몰랐지만 입이 찢어진 아이가 한 명 있었다"고 기억했다.

경찰과 사진사의 시각

사건 현장을 사진으로 가장 먼저 기록한 사람은 진부면에서 서라벌 사진관을 운영하던 김진우(金鎭佑, 1998년 현재 강원도 원주시 거주) 씨였다.

"사고가 난 것을 알게 된 것은 서울에서였는데 새벽 첫차로 진부에 도착한 게 오전 11시쯤입니다. 지프를 타고 현장으로 가면서 군인들로부터 상황설명을 들었습니다."

윗삼거리에서 지프를 내려 카빈으로 무장한 두 명의 헌병이 호위하는 가운데 현장에 도착한 시간이 낮 12시쯤이었다. 그는 약 한 시간 동안 사진을 찍었다.

"승복이는 오른쪽 볼인지 왼쪽 볼인지 자신이 없는데, 귀까지 입을 찢어 놓았던 건 확실합니다. 얼굴은 비교적 깨끗했습니다만 찢어진 입가에 피가 굳어 있었어요. 더 비참한 것은 여동생인 아기였어요. 돌로 머리를 쳤는지, 다리를 들어 돌에다 머리를 내쳤는지 뇌수가 다 쏟아져 나와 있었습니다. 돌에도 피와 함께 허연 뇌수가 보였어요. 부엌 근처엔 덜 익은 닭다리가 버려져 있었고요."

12월 13일 제1공수단의 한 팀은 사건현장에서 인제로 넘어가는 운두령 오솔길에서 공비들이 독보회를 열고 간 흔적이 발견한다. 그리고 닭을 잡아먹은 흔적도 발견해 이들을 계속 추적해 갔다. 이학관 씨는 정확한 날짜를 기억하지 못하지만 병원에서 대공 수사관들이 옷을 가지고 방문했던 이야기를 해 주었다.

"하루는 군인들이 우리를 찾아와 보따리를 펴는데 거기에는 눈에 익은 옷들이 있었습니다. 전부가 윗방에서 가져간 아버지와 어머니 옷들이었습니다. '이거 우리 건데요'라고 하자 그 사람들은 '알았다'

면서 '이걸 입고 도망가다가 우리 군인들에게 다 죽었다'고 말해 주더군요."

　40여 일간을 입원하던 중 이학관은 어서 빨리 집으로 돌아가고 싶은 마음에 3개월 이상 요양을 요한다는 군의관의 말을 거부한 채 아버지를 모시고 집으로 돌아왔다고 한다. 그때까지 가족들의 생사를 잘 모르고 있었던 이학관은 폐허가 된 집을 본 뒤 묵묵히 아버지 손에 이끌려 운두령 산을 올랐다. 부자가 도착한 곳은 봉분 네 개가 나란히 만들어진 무덤이었다.

4부

이승복 정신을
지켜내지 못한
이야기

1장
대한민국의 화랑 관창

이승복 군과 가족들이 겪은 참상은 울진·삼척으로 침투한 무장공비들에 의해 남녀노소를 가리지 않고 잔혹하게 살해당한 17명의 주민들과 큰 차이가 없었다. 유일한 차이라면 그가 항거하며 외친 말이 기록으로 전해졌다는 사실이었다.

그런데 그의 말은 대한민국 현대사에서 어떤 의미를 갖는 것일까.

공산주의자와의 대결 속에 탄생한 대한민국은 항상 그들의 저항과 공격에 시달려야 하는 운명이었다. 조선조의 봉건잔재를 청산하고자 자유민주주의 체제로 건국한 대한민국은 1950년 공산주의자들의 남침공격으로 3년간에 걸친 체제와 국가수호 전쟁을 치러야했다.

1960년의 부통령 선거에서 선거부정이 자행되자 성난 민심이 부패한 자유당 정권을 무너뜨렸다. 민주당이 새로 집권했으나 연이어지는 혼란은 민주당 정권 자신들도 수습할 수 없게 되었다. 이때 건국 이후 새롭게 형성된 군부 집단은 이 상황을 국가적 위기라 판단하고 무력으로 정권을 잡았다.

박정희 정권은 반만년 지속된 농경사회를 극복하고 산업혁명을 통한 근대국가를 지향했다. 그러나 국민들은 북한 공산주의자들이 일으킨 전쟁과 각종 무력 도발을 겪으면서도 대한민국 체제에 대한 확신이 부족한 나머지 군부 정권에 힘을 실어주지 못했다. 1968년 12월 5일 박정희 대통령은 국민교육헌장을 재정·반포함으로써 국력을 모으려 시도했다. 그로부터 4일 뒤 무장공비와 맞닥뜨린 아홉 살 이승복 군의 용기 있는 외침은 국민에게 자유민주주의 체제에 대한 확신과 신념을 심어주는 계기가 됐다.

김일성과 대결하며 문약해지던 대한민국은 승복 군의 죽음을 계기로 하여 '싸우면서 건설하는 강한 국가'로 거듭나게 된다. 그후 대한민국은 1970년대와 1980년대를 거치면서 농경사회를 산업사회로 혁신할 수 있게 되었다.

신념으로 목숨을 던지며 남파된 무장공비보다 더 투철했던 아홉 살 소년의 죽음은 백제군에게 연전연패하던 신라군을 단결시킨 화랑 관창의 죽음과 겹쳐진다. 무장공비 앞에서도 비굴하지 않고 진실을 숨김없이 외칠 수 있었던 아홉 살 소년의 행동은 정직·용기·진실이 자유민주주의 체제의 중요한 가치관이란 점을 국민들 가슴속에 남겨 준 것이다.

그런데 우리는 그의 정신을 얼마나 지키고 있는 것일까.

이 사건은 30년 뒤인 1998년에 우리 사회에서 대대적인 오보논란의 중심에 서게 된다. 승복 군이 했다는 말을 들은 형 이학관과 『조선일보』 기자가 '직접 대면하지 않았다'는 이유에서 조작이라는 주장이었다. 『미디어오늘』 편집국장을 지낸 김종배의 기사가 발단이 되었다. 김주언 언론개혁 시민연대 사무총장은 자신의 단체를 통해 서울시청 앞 지하철 전시관에서 '오보 50선'을 전시하며 제일 앞에 이 기사를 걸어 두었다. 『중앙일보』와 『월간 말』, MBC PD 수첩도 가세했다.

당시 월간조선 기자로 근무하던 필자는 이 사건을 밑바닥부터 다시 취재했다. 그리고 이 사건이 '엄연한 사실'임을 밝혀냈다(월간조선 1998년 10월호, 11월호).

취재결과 김종배 씨의 '저널리즘 92년 가을호'에 실린 기사는 중요한 부분을 누락한 채 작성된 것으로 밝혀졌다. 그는 보도 당사자인 강인원 기자를 취재하지 않았고, 강 기자가 사건현장에서 어린이가 입이 찢어진 채 죽은 이유를 탐문한 사실을 간과한 것이다. 특히 그는 칼에 찔린 이학관이 다음날 아침 헬기로 후속될 때까지 약10시간 동안 본인이 겪고 목격했던 상황의 전파과정을 추적하지 않았다. 그러면서 『조선일보』 기자가 직접 이학관군을 만난 적이 없다며 『조선일보』 기사의 '조작 가능성'을 제시했던 것이다.

이 오보 논란은 법정으로 옮겨 져 9년에 걸친 재판을 거쳤다. 그리고 2009년 2월 12일, 대법원은 '이승복 군의 외침은 사실'이라고 최종 확정판결을 받는다. 김주언 씨는 징역 6개월에 집행유예 2년, 김종배 씨는 무죄판결을 받았다. 이로써 이승복 군의 진실은 지켜진 것일까.

2장
국가 정체성을 지키는
기념관 현황

오보와 조작 논란이 법정공방을 하던 1998년부터 2009년 사이에 전국 초등학교 운동장에 세워졌던 이승복 군의 동상은 거의 다 자취를 감추었다. 교과서에서도 사라졌다.

같은 기간에 우리나라에서는 5·18광주사태를 기념하는 '5·18기념관'(1998)과 제주 4·3사태를 기념하는 '4·3기념관'(2009)이 세워졌다. 두 기념관은 대한민국의 정체성과 갈등을 빚어 논란이 되는 곳으로 대한민국 정체성의 상징이기도 한 이승복기념관과 대조적인 곳이다. 이들 세 곳의 기념관 운영 현황은 역사 교과서 문제로 신음하고 있는 대한민국의 현실을 잘 보여준다.

먼저 기념관의 근무 인력 현황을 보자. 이승복기념관은 1985년 3

월 15일 강원도 교육청 산하기관으로 24명이 근무하고 있었다. 당시 기념관장은 2급 교육공무원이었다. 그러나 2001년에는 정원을 18명으로 축소했고 관장직급은 4급(교육연구관)으로 격하시켰으며 2002년에는 교육연구관에서 교육행정사무관(5급)으로 격하시켰다. 이어서 2003년에는 정원을 12명으로 줄였으며 2005년에는 강원도 교육청 소속에서 강원도 평창군 교육지원청으로 소속을 변경했고 2006년에는 정원을 11명으로 줄였다.

현재 이승복기념관 관장은 6급 교육공무원이며 7급 교육 공무원과 단 두 사람이 기념관의 행정과 전시 연구 업무를 수행한다. 나머지 6명은 기능직으로 시설관리를 하고 있고 청원경찰 3명이 근무함에 따라 총 11명이 이승복기념관을 지키는 중이다.

그렇다면 5·18기념관과 4·3기념관은 어떤 상태일까. 아래 도표

직위 기관별	1급	2급	3급	4급	5급	6급	7급	8급	9급	청원 경찰	기타 정원외	계
이승복 기념관	–	–	–	–	–	1	1	5	1	3	–	11
5·18 기념관	–	–	–	1	1	2	7(7급이하)			6	5	22
4·3 기념관	1	3	4	3	3	–	2	–	–	–	3	19

기념관별 정원 표

로 설명을 대신한다.

인원만 절반 이하로 줄어든 것이 아니다. 예산은 더 형편없다. 5·18기념관이나 4·3기념관을 다녀오면 대한민국에 대한 반감이 증폭되기 쉬운 곳이다. 이곳에 지원하는 예산과 이승복기념관에 지원하는 예산은 27배에서 50배까지 차이가 난다.

사업별 기관별	총 예산	기념사업	시설유지 관리	인력운영	기본경비	해당연도
이승복 기념관	10,090	612	1,423	1,749	6,306	2014
5·18 기념관	274,600	11,300	94,100	1,749	4,800	2014
4·3 기념관	504,139	440,400	99,749			2014

기념관별 예산액 비교(세출 기준, 단위: 만원)

재산 및 시설	총 면적	시설물 현황	관람객수 (2014)	비고 (개관연도)
이승복 기념관	118,653m²	이승복기념관 외 9	126,198	1982
5·18 기념관	204,985m²	5·18기념센터 외 23	586,600	1998
4·3 기념관	396,700m²	4·3기념관 외 8	408,000 (추정치)	2009

기념관별 재산 및 시설 현황

국민의 세금으로 국가 정체성을 부정하는 듯한 5·18기념관과 4·3 기념관에 연간 수십억 원씩 지원하면서 국가 정체성을 수호하는 기관은 1억 90만 원을 하달해 고사(枯死)시키는 현 정권을 두고 과연 대한민국의 우파 정권이라 할 수 있을까.

참고로 1998년 당시 논란에 불을 지폈던 김주언 씨와 김종배 씨는 그후 아래와 같은 행적을 이력으로 삼고 있다.

김주언(1954)

1999년 반부패국민연대 이사

2000년 방송위원회 연예오락 제2심의위원회 심의위원

2001년 한국언론재단 연구이사

2003년 제17대 국회의원선거 선거기사 심의위원

2006년~현재 신문발전위원회 사무총장

김종배(1966)

1998년 8월~2001년 2월 『미디어오늘』 편집국 국장

1999년 MBC 라디오 「아침을 달린다」(뉴스브리핑)

2007년 MBC 라디오 「김종배의 뉴스터치」

2012년 「이슈 털어주는 남자」

참배

그 세월 동안 필자는 조선일보사를 그만 두고 한국갤럽조사연구소
에 몸담고 있으면서 이 사건의 추이를 지켜보았다. 2008년, 프리랜
서 신분이 되었을 때 필자는 당시 울진·삼척 무장공비로 침투했다
자수하고 국내에 정착한 공비를 찾기 시작했다. 두 사람이 있었다.
그 중 한 사람이 당시 68세의 김익풍 씨였다.

　개인적인 여력이 허용되는 한 최선을 다해 추적한 결과 김익풍 씨
와 만날 수 있었다. 경기도 하남시의 강변, 비닐 움막에서 홀로 기거
하며 불우한 노년을 보내는 중이었다. 필자는 그와 오랫동안 친분을
쌓아가며 살아온 생애를 듣고 기록해 갔다. 북한에서 태어나 남침용

전사로 성장하고 공비로 침투했다가 끝내 자살하지 못한 채 자신이 생존함으로써 북한에 남아 있던 부모 형제 모두가 비극적인 삶을 마쳐야 했다는 점이 그의 구부정한 어깨를 영원히 짓누르고 있었다.

그와 만남을 이어온 지 1년쯤 되던 2009년 가을 어느 날, 필자는 엉뚱한 제안을 한 번 해 보았다. 다름 아닌 이승복 군의 묘소에 한 번 참배할 생각이 없느냐는 제안이었다. 그 무렵 필자는 김익풍 씨와 흉금을 털어놓는 사이가 되면서 성품이 어진 어른임을 알게 됐기에 가능한 일이었으나 아무런 기대도 하지 않았다. 그런데 그는 필자의 이 제안에 아무런 머뭇거림도 없이 순순히 말했다.

"가지 뭐. 미안하기도 하고."

필자는 제일 먼저 이학관 씨에게 의사타진을 해 보았다. 유가족의 입장에서는 직접 살해한 공비는 아니지만 함께 넘어왔던 일당이라는 점에서는 감정적 동요가 없을 수가 있겠나 싶었다. 그런데 이런 우려는 인생의 깊은 맛을 모르는 필자의 기우에 불과했다. 이학관 씨도 머뭇거림이 없었다. 하기는 머뭇거릴 그 무엇이라도 남지 않은 삶이 아니었던가.

무장공비의 한 사람이 그 피해 유가족의 한 사람과 그해 겨울, 승복이의 묘 앞에서 정중히 맞절을 하고 있었다.

계속되는 왜곡보도

이 원고를 쓰고 있던 2015년 5월 7일, 필자는 이승복 군의 형수이자 이학관 씨의 부인 김인자 씨로부터 한 통의 메일을 받았다. 그녀는 다음과 같은 문자와 함께 해당 기사를 링크시켜 두었다. 그대로 전재한다.

"안녕하세요? 넘 속상한 기사가 있어서…… 가족끼리 분노하다가 이 기자님께 전해드려요.…… 이미 보셨을지도 모르지만…… 휴우…… 저희 어떻게 해야 할까요?"

"아직도 『미디어오늘』에서 우려먹고 있네요. 요새 기자들은 기삿거리가 그렇게도 없는지 그것도 왜곡보도로 일관하고 있으니…….'

『미디어오늘』 2015년 5월 7일

하일식 연세대 사학과 교수는 42년 전인 1973년, 반공글짓기에 나가 큰 상을 수상했던 '모범어린이'였다. 하일식 교수는 당시를 회상하며 말했다. "학교에선 매년 이승복을 추모하는 웅변대회와 글짓기대회가 열렸고, 모두가 이승복을 떠받들었다. '나는 공산당이 싫어요.'라는 말이 정부에 의해 정책적으로 널리 퍼지던 시기였다. 어린이들은 이승복의 죽음이 숭고했다는 교육을 강력하게 받았다." (중략) 하지만 기자들 사이에서 이승복 보도는 여전히 끝나지 않은 논쟁거리다. 이와 관련 1968년 당시 『중앙일보』 기자였던 김진규 전 한국기자협회장은 2007년 『미디어오늘』과 인터뷰에서 흥미로운 주장을 펼쳤다. 김진규 전 회장은 "1968년 당시 법조팀에서 사회부 데스크를 보던 『조선일보』 최 아무개 기자가 후배기자의 전화송고를 받아쓰면서 기사에다가 '공산당이 싫어요.'라는 말을 덧붙여 가필했다."고 주장했다. 그는 "최 기자가 기사가 실린 날 오후 법원에 나와서 '나는 공산당이 싫어요.'라는 말을 가필했더니 사회면에 크게 실렸다고 떠벌리고 다녔다. 내 양심을 걸고 하는 말"이라고 강조했다.

오직 진실은 냉전시대에 희생당한 이승복 어린이만 알고 있다.

정철운 기자(pierce@mediatoday.co.kr)

우리는 정말 이승복 군의 정신을 지키고 있는 것일까?

이승복과 동갑인 필자가 그의 삶을 소상하게 파헤치며 20년 가까이 천착하게 될 줄은 몰랐다. 한때 초등학교 교과서에 크게 실리면서 이승복 사건을 모르는 사람이 없는 세상이 되기도 했지만 오늘날엔 극심한 왜곡과 변형으로 인해 제대로 알고 있는 사람은 참 드문 세상이 되었다.

이승복 사건의 뿌리는 '울진·삼척 무장공비 침투사건 → 1.21 청와대 기습사건 → 송추 간첩사건 → 민족보위성 정찰국 → 김일성과 박정희 → 분단과 대한민국 건국'으로 연결되고 있다. 다시 말해 이 사건의 역사적 본질은 대한민국 정체성과 맞닿아 있는 것이다.

오랫동안 이 사건을 취재하면서 필자는 '마을의 수호신이 당산나무'라면 '대한민국의 수호신은 이승복 소년'이 아니었을까 하는 생각을 하게 됐다. 전통마을의 당산나무는 이정표나 방충·방재역할뿐 아니라 마을 주민들의 심리적 의존처로서 주민을 하나로 묶어주는 역할을 한다.

이승복 어린이의 진실을 향한 투철한 희생은 한때나마 대한민국을 하나로 통합시키는 역할을 했다. 그가 공비와 맞닥뜨리기 4일 전인 1968년 12월 5일, 박정희 대통령은 국민을 단합시키기 위한 '국민교육헌장'을 공표했다. 별개의 두 사건이 실상 1969년 이후 화학적으로 결합하여 대한민국 발전을 위한 시너지를 만들었다는 점은 분명하다. 대통령에 의한 국가 주도형 국민통합(국민교육헌장)이 '강한 국가'를 지향했고, '이승복 사건'은 국민들로 하여금 자발적이고 적극적인 반공주의를 선택케 함으로써 '강한 사회'를 지향했기 때문이다. 연세대 류석춘 교수의 학설대로 '강한 국가'와 '강한 사회'의 상승작용이 '마을과 국가(새마을 운동)' 그리고 '기업과 국가(산업정책)'의 관계로 결실을 맺어 '한강의 기적'을 이뤄낸 것이다. '이승복 사건' 이후 국민들은 비로소 '국가와 공동체에 대한 도덕적 의무감'을 체득하기 시작했다. 대한민국과 체제경쟁중인 북한으로서는 '이승복 사건'이 그만큼 눈엣가시가 되었을 것이다.

21세기에 접어들면서 세계사적 경제성장을 기록한 대한민국은 그 자신을 지켜주던 당산나무를 홀대하고 방치하는 중이다. 동상도 교과서도 사라졌고 그의 투혼이 남긴 정직·용기·진실·자유 등의 가치관들을 폐품처럼 내다버렸다. 게다가 그의 희생을 비웃는 악질적인 글과 말들이 끊이질 않는다.

국가의 패망은 국민들이 '국가와 공동체에 대한 도덕적 의무감'을 망각하고 이기심의 경쟁에 몰입하면서 시작된다. 이승복기념관(1억)보다 5·18기념관(27억)과 4·3기념관(50억)에 더 많은 국민의 세금을 퍼부으면서 '통일 대박'을 외치고 '통일기금'을 마련하는 작금의 현실은 대한민국의 어두운 미래를 예견하는 징표일 것이다. 이런 상황을 방치한 채 '국민통합'을 논한다면 그것은 '대중기만' 이거나 '對국민 사기극'이다. 저승에서 지켜볼 승복이에게 죄스럽다.

출판사의 '대한민국 정체성 총서'는 권당 원고 분량이 제한되어 있다. 이로 인해 1968년 11월 3일부터 12월 28일까지 55일간의 군사 작전을 세밀하게 취재해 온 필자에게는 지면의 한계로 인해 무리한 집필이라 보았다. 그럼에도 불구하고 이런 형식으로나마 독자에게 선보일 수 있게 된 것은 순전히 홍훈표 팀장의 독촉과 끈질긴 회유 때문이었다. 그는 심지어 필자의 서재에서 먹고 자면서 집필을 감시하기까지 했으니 이 책의 공(功)은 전적으로 그에게 돌려야 할 것 같다. 저자의 몫은 실책에 대한 책임뿐이다.

2015년 5월 하순

이동욱

울진·삼척 무장공비 침투사건 – 공비와 소년

펴낸날	초판 1쇄	2015년 5월 30일
	초판 2쇄	2015년 12월 10일

지은이	**이동욱**
펴낸이	**김광숙**
펴낸곳	**백년동안**
출판등록	2014년 3월 25일 제406-2014-000031호

주소	경기도 파주시 광인사길 30
전화	031-941-8988
팩스	070-8884-8988
이메일	on100years@gmail.com

ISBN	979-11-86061-32-9 04300

※ 값은 뒤표지에 있습니다.
※ 잘못 만들어진 책은 구입하신 서점에서 바꾸어 드립니다.

이 도서의 국립중앙도서관 출판시도서목록(CIP)은 서지정보유통지원시스템 홈페이지
(http://seoji.nl.go.kr)와 국가자료공동목록시스템(http://www.nl.go.kr/kolisnet)에서
이용하실 수 있습니다.(CIP제어번호: CIP2015014262)